名师名校名校长

凝聚名师共识
回应名师关怀
打造名师品牌
培育名师群体

顾明远

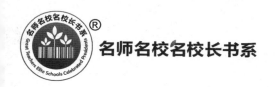

名师名校名校长书系

思与行

小学科学教学情境的设计与应用

姚 晖 / 主编

东北师范大学出版社

长 春

图书在版编目（CIP）数据

思与行：小学科学教学情境的设计与应用 / 姚晖主编. — 长春：东北师范大学出版社，2019.3
ISBN 978-7-5681-5544-1

Ⅰ.①思… Ⅱ.①姚… Ⅲ.①科学知识—教学设计—小学 Ⅳ.①G623.62

中国版本图书馆CIP数据核字（2019）第042247号

□策划创意：刘　鹏
□责任编辑：钱黎新　张新宁　　□封面设计：姜　龙
□责任校对：刘彦妮　张小娅　　□责任印制：张允豪

东北师范大学出版社出版发行
长春净月经济开发区金宝街 118 号（邮政编码：130117）
电话：0431-84568033
网址：http://www.nenup.com
北京言之凿文化发展有限公司设计部制版
廊坊市金朗印刷有限公司印装
廊坊市广阳区廊万路 18 号（邮编：065000）
2022年6月第1版　2022年6月第1次印刷
幅面尺寸：170mm×240mm　印张：13.25　字数：214千

定价：45.00元

编 委 会

前 言
FOREWORD

　　"情以物迁，辞以情发"，"思维起源于直接经验的情境"，强调情境教学的重要性，在中国和西方教育史中，从古至今就有多种形式不同但思想一致的论述。对于一门在基础教育阶段肩负着启蒙学生学科学、爱科学、用科学，培养学生科学素养责任的学科——小学科学，情境在教学中的设计和应用尤为重要。

　　2011年7月，美国正式发布《K-12科学教育框架：实践、跨学科概念和核心概念》，提出了"科学实践"的科学教育思想，之后我国前沿的小学科学教育研究者也开始提出这个说法。2014年10月，在第四届教科版小学科学优质课研讨会上，全国小学科学教育界第一次正式提出了"科学实践"的科学教育思想。既然是科学实践，就要将知识的建构置于一定的情境当中，设计和应用合适的教学情境让学生能进行充分的科学实践，进而建构科学知识。2017年3月，最新版的《小学科学课程标准》中多次提到了有关情境在教学中的一些应用，如"教师要为学生提供多样化的学习机会，如探究的机会、综合运用知识解决真实情境问题的机会……戏剧表演、科学游戏、模型制作、现场考察、科学辩论会等，都是科学学习的有效方式"。因此，在笔者看来，在小学科学教学中，根据不同教学内容设计并应用能在学生的前概念和新的科学概念之间建立联系的，能激发学生的探究兴趣，有效支持学生进行科学实践的情境，在很大程度上能翻转传统教学模式中学生被动建构知识的困境。

　　"小学科学教学情境的设计与应用"是深圳市福田区姚晖（小学科学）教与学方式转变工作室在2014年1月立项的区公益性课题，立项编号为FTJY13056，课题主持人为姚晖。在课题立项之前，工作室的教师们因为对情境教学的一些最初的思考和探索就已经在课堂教学中做相应的尝试，在课题立项之后，更是发挥了团队研究的精神，认真细致地做好课题研究的各项工作，在研究过程中边探索、边修改、边发展。经过两年的探索与实践，在市、区小学科学教研员的关心指导下，在学校领导的大力支持下，在课题组成员教师、工作室成员教师的共同努力下，课题研究进展顺利，在小学科学教学情境的设计与应用方面取得了一定的研究成果，对优化小学科学课堂教学起到一定的促进作用，并于2016年1月顺利结题。

笔者所在的深圳市一直沿用的是教育科学出版社出版的教材，其内容根据课程标准的设置随着不同年级形成了知识体系螺旋式上升的四个知识领域：生命科学、物质科学、地球与宇宙科学、技术与工程。我们工作室团队最开始进行情境教学研究时将成员教师分成了四组，分别针对四个知识领域的教材内容进行分析并做实践课堂研究，期望能找出适合不同知识领域学习的情境设计方法。但是，当我们逐渐深入研究后发现，没有"哪一种教学情境是最适合哪个知识领域的学习"，最多只能说个别教学情境的设计相对来说在某个特定的知识领域学习中运用较多而已，关键还是在于要把握教学情境设计的原则和方法，然后结合学生的年龄特点，联系学生的前概念和原有知识经验，适当地设计和运用教学情境。

今天，我们的课题虽然已经结题，但是研究还在继续深化。本书的编写是对我们整个团队阶段性研究成果的反思和总结，为广大一线教师提供一定的实践借鉴，同时也是一种唤醒，期望能起到抛砖引玉的效果，让更多的一线教师能站在学生的角度去思考我们的教学行为，只有将知识置于情境当中，才能有效促进学生的主动建构。随着信息技术的迅猛发展，如何更合理地将知识与情境结合，让情境为学生的知识建构服务，将给我们提出更多的思考与挑战。

姚 晖

2018年11月

目 录
CONTENTS

上 篇

论文合集

在情境中探究知识、发展素养
——小学科学教学情境设计与应用的思与行

深圳市福田区景秀小学　姚　晖

　　情境化视角是学习科学理论的核心。这一视角有三个主题：认知是发生在特定情境中的；认知是社会性的；认知是分布于人与工具中的。与此同时，学习科学家们认为知识具有情境性。"情境性"是指知识并非是学习者头脑中静态的智力结构，而是一个包括人、工具、环境中的运用知识的活动在内的认知过程。要让学生有效建构知识，就要让学生参与到真实的实践中来——当然基于学校教学的特点，我们只能说是为学生营造建构一种接近真实的、有意义的实践。作为基础教育阶段的小学科学，肩负着科学启蒙的重任。考虑到小学阶段学生的认知特点——他们主要还处于皮亚杰认知理论中的"具体运算"阶段以及到"形式运算"阶段的发展期，对科学知识的建构更是要通过"科学实践"去完成。而包括学习科学理论研究都认同皮亚杰的一个观点：即儿童的智慧发展不是由"或者主体，或者客体"决定的，而是在主体与客体的互动中发展的，主体当然是指儿童，而客体则包括儿童周围的人、事、物，包括环境等，这在一定程度上就是指我们在教学中为学生所营造的教学情境。因此，在小学科学课堂中，要让学生实践科学，就必定要将知识的建构置于一定的情境当中，让学生在情境中像科学家般探究科学知识，发展科学素养。

　　然而，笔者工作室团队在前期调查实践中发现，在现实的很多传统课堂中存在以下现象：或者忽视了让学生置于情境中去学习；或者设计了一定的情境，但是情境的设计没有尊重学生原有认知水平；或者情境的设计过于夸张，脱离了背景知识；或者情境的设计过于平淡，无应用价值，甚至脱离了科学学科知识。这种为了创设情境而创设情境，忽略学生的认知水平，因为情境设置的不合理而人为地给学生的科学实践造成困难和干扰，不仅不能引导学生有效建构知识，而且也降低了课堂效率。针对小学科学教学情境设计的现状，笔者在担任深圳市福田区小学科学教与学方式转变工作室的主持人期间，带领兄弟学校的一线小学科学教师们深入课堂教学研究，基于深圳市目前使用的教科版小学科学教材，探索适合小学科学各类教学情境的设计与应用，整理归纳出适合的教学情境设计原则、方法以及应用的实践范例，以期为广大小学科学教师们提供具有理论和实践意义的、可操作性的借鉴。

一、小学科学教学情境的设计原则

基于对学生认知特点和小学科学课程标准和知识体系的认识与理解，笔者认为，一线小学科学教师的任务在于为学生的学习做好服务，在课堂教学中设计并应用适合不同年龄阶段学生的学习情境，让学生能进行充分的科学实践，促进其持续的认知投入，从而有效地建构知识和发展科学素养。在带领工作室团队深入课堂研究的几年里，笔者认为在小学科学教学中设计教学情境有以下五个原则：

1. 情境的设计要从理解儿童出发

我国小学阶段的年龄跨度从6岁到12岁。6岁入学的儿童带着对大自然天生的好奇心和探索欲，带着对自然科学极为朴素的直觉认知来到了学校。如何在六年的课堂学习中帮助他们建构起对科学的认识并保持住对科学的持续兴趣，作为小学科学教师应结合理论学习和日常观察，首先了解每个不同年龄阶段的学生的认知发展特点。根据皮亚杰的儿童认知发展理论，6、7岁的儿童，即学校一、二年级的学生还属于直觉思维阶段，他们通常都以知觉到的事物作为思维的依据，往往只注意到事物某个方面的显著特征，而看不到事物同时变化的几个维度；8、9岁的儿童，即学校三、四年级的学生则处于具体运算阶段，这个阶段的学生初步形成逻辑思维，能对事物进行对比归类，但是思维认知还是脱离不了具体的事物；10—12岁的儿童，即学校五、六年级的学生开始进入形式运算阶段，这个阶段的学生开始摆脱具体事物的束缚，能将形式和内容进行区分，对抽象的、假设的命题进行推理，开始能进行抽象的逻辑思维。当然，教师也应该知道，这三个阶段的认知发展界限并不绝对，不同的社会背景等因素的影响让学生之间的认知发展有差异。所以，在设计教学情境时，我们应该要根据学生的具体特点，站在理解学生的角度，去设计和应用适合学生的教学情境。

2. 情境的设计要有明确的目的性

教学情境的设计目的要明确。教师一定要清楚自己设计的教学情境要为学生某个知识点建构服务，为达成教学目标服务，激发学生的思维，从而推动学生进行持续的科学探究，而不是单纯为了迎合学生的喜好去设计情境，避免落入为了情境而设计情境的误区。

3. 情境的设计要体现学科性

教学情境的设计是为学科知识的学习服务的。因此，情境的设置应与学科知识有关，不能脱离了学科知识单独存在。比如在语文课堂的情境设计中，教师利用语言、图画、音乐的渲染将学生带入一定的语言氛围中。科学的整个发展史可以看作是人类认识自然、改造自然从而改善自身生活的历史。那么，科学课堂的情境设计就应该要体现学科特点，将知识的建构隐藏在情境中，让情境的推动能有效模拟、体现人类建构认识科学知识的思维过程，符合学生的科学认知规律。

4. 情境的设计要有生活味

科学来源于生活，生活中处处有科学。我们要从学生熟悉的实际生活出发去设计教学情境，让学生在情境中获得知识的同时也学会解决问题的方法和技能，也就是科学素养。随着时间的流逝，即使知识性的东西忘记了，但是在情境中探究知识时留下的最核心的科学探究的技能和素养却能伴随学生终生。

5. 情境的设计应是完整的

一个好的教学情境应该是完整的，不是割裂地存在于课堂的开始、中间或者尾声，而是贯穿于学生某个知识点建构的始末，甚至在整个单元的学习中。这个情境是始终支撑学生学习的。当学生在情境中解决了知识性的问题时，教师应有所引导、有所反馈，与设置的情境相呼应，而不是达到目的就戛然而止，那样情境的设置就流于形式，久而久之，学生也会失去兴趣。

二、小学科学教学情境的设计方法

科学探究的过程一般从提出问题开始。那么，我们教学情境的设计就是要能巧妙地带出要探究的问题，或者激发学生提出问题，从而推动学生进行深入探究。在科学教学中，一个好的教学情境应是连接科学知识与现实生活的桥梁，是具象思维向抽象思维发展的阶梯，能够引发学生的原有认知，激发学生主动参与，甚至引发学生的联想，通过解决情境中的问题最终达到建构知识和掌握科学探究方法的目的。根据小学生的年龄特点和小学科学教材知识点的不同，科学教学在小学阶段主要通过"角色扮演""游戏活动""任务设置""生活模拟""故事演绎"这五种方法来设计教学情境。

1. "角色扮演"情境设计

小学生天生有模仿的心理，都觉得自己是"小大人"，向往能像爸爸妈妈一样工作。在设计教学情境时，我们可以为学生设计一些和知识建构、解决问题相关的角色，让学生有角色代入感、责任感，从而推动其在情境中探究。在执教物质领域四年级上册《电路出故障了》一课时，园岭小学的赵泽君老师就设计了"小小电工"的角色，要求学生在学会电路的知识后，扮演电工的角色，找出故障电路的故障并解决。在执教生命科学领域四年级下册《营养要均衡》一课时，笔者通过设计"小小营养师"的角色，让学生像营养师一样去思考均衡膳食的原则，分析一些特定需求人群（如特胖、特瘦、有高血糖的病人等）的膳食搭配，并为家里人实际搭配一天食物，在实际操作、互动分享中领会营养均衡的标准，从而能自主建构膳食营养原则。在这样的"角色扮演"情境课堂中，学生们总能收获满满的成就感。

2. "游戏活动"情境设计

学生天生喜欢游戏，特别是低年级的学生。在设计教学情境时，我们可以把知识的建构甚至科学探究的方法技能嵌入适当的游戏活动当中，最好是利用学生熟知的一些游戏形式，最大限度地调动他们的兴趣和积极性。在执教生命科学领域三年级上册《蚂蚁》一课时，景田小学的杨强老师就以"蚂蚁地图"的形式让学生在游戏填图的过程中完成对课堂实验的记录，把课堂记录这种科学课的基本技能要求不知不觉融入学生的游戏活动中。在生命科学领域四年级上册《运动起来会怎样》一课的学习中，景秀小学的张思琪老师利用游戏卡片的方式，把对循环系统的认识组织成一个动起来的游戏，让学生带着氧气、二氧化碳、心脏、血液等头饰，沿着人体循环路线分组做体验游戏，把人体内部原本看不见的循环交换工作系统转化为可视化的、并能亲身体验的游戏活动，使看似枯燥的知识变得生动有趣，学生更容易掌握与理解。

3."任务设置"情境设计

幼儿在慢慢长大的过程中进入社会,会不断被培养、被强化任务意识。小学阶段也是培养学生任务意识的好时机。在设计教学情境时,在情境中设置与学习目标相一致的任务,引导学生在完成任务的同时达成学习目标。当然,任务的设置要和学生的生活或者目前社会关注的问题等相互衔接,要给予他们任务达成的使命感和意义感。在执教工程与技术领域六年级上册《建高塔》一课时,天健小学的黄伟欣老师就利用了当时钓鱼岛的社会热点问题,设计了"在钓鱼岛搭建高塔,为国防部提供优质模型"的任务情境,在完成任务的过程中探究高塔稳定不易倒的秘密,并最终建造成钓鱼岛高塔模型,也进行了高塔稳定性的模拟测试。整个任务的设置既唤起了学生的探究欲望,也激发了他们的爱国热情,在任务达成中学生的情感态度也得到了升华。在执教地球与宇宙空间领域六年级下册《太阳系》时,笔者就设计了一个需要双向确认的任务情境:全班同学分成两组,模拟执行外太空出行认识太阳系任务,其中一组因故迫降某个行星,通过与在地球上的指挥总部(另一组)互通信息、分析数据来确认飞船所在行星。在这个情境中,通过完成找出飞船迫降所在星球的任务,学生完成了对整个太阳系模型的建构,而这种采用A、B组分开探究但又互相验证的方式,让学生体验真实任务的完成是需要参与方的通力合作的,同时也让学生感受到科学探究中一个很重要的精神——科学的研究应是可重复的、可验证的。

4."生活模拟"情境设计

科学来源于生活,生活中处处有科学。在小学科学的学习中,多在贴近学生的生活经验中去捕捉、模拟类似的情境,也有助于帮助他们在情境中探究知识的同时,将学会的科学探究方法迁移到生活当中去,将科学探究延续到课外。在执教物质领域六年级下册《物质发生了什么变化》一课时,荔园外国语小学的易述婷老师以夏天做凉拌菜的模拟生活情境引入,以"做凉拌菜的过程中物质之间会混合,这种物质的混合属于什么变化"的问题来激发学生的探究兴趣。一节课就在教授学生做两道菜——凉拌沙和豆和铁板白砂糖的情境中开展。学生在模拟的生活情境下既学会了"两道菜",又主动建构了有关物理变化、化学变化的知识。同样是物质领域,在执教四年级上册《溶解得快与慢》一课时,景秀小学的张思琪老师则设计了"奶茶店老板希望在同样的时间内做出更多奶茶，需要让糖溶解得更快"的模拟生活情境，激发学生的学习兴趣。学生出谋献策，在探究中修正完善自己的猜想，并最终帮助奶茶店老板解决了问题，把枯燥无味的控制变量理论学习转化为模拟生活情境下的兴趣学习。

5."故事演绎"情境设计

学生都爱听故事，特别是低年级的学生。我们可以以学生喜欢的卡通人物、动画故事、经典小说为基础去设计一定的教学情境，激发学生的科学探究兴趣。在执教物质领域三年级下册《磁铁有磁性》一课时，下沙小学的赵峻老师把三年级学生熟知且喜欢的动画片《机器人总动员》中主人翁瓦力带到了课堂，创设故事情境，从让学生观看磁铁为什么能吸住瓦力的动画，到瓦力作为机器人受损后我们应该选择什么样的材料去给机器人做维修，利用故事情境有效衔接引导学生思考、实践、反思，在故事情境中达成学习目标。同样是物质领域，在执教五年级下册《你的小船能载走多少财富》时，园岭小学的陈炜苞老师则演绎了学生们喜爱的经典小说《鲁滨孙漂流记》的故事，在故事中以"帮鲁滨孙制作一艘能带走财富的小船"激发起学生们解决实际问题的探究兴趣。根据不同年龄学生的兴趣点，选取不同的故事情节设计教学情境，最大化地激发学生的参与热情，让学生在优化的故事情境和愉悦的学习气氛中经历科学探究。

三、小学科学教学情境的应用

在实践的基础上，笔者发现在小学科学教学中应用教学情境时，要注意让情境能真正深入学生的心灵，带动他们的感受，而不是浮于表面、流于形式。笔者有以下三点小策略：一是教师语言和肢体语言的呈现技巧。无论在课堂上设计什么情境，终究还是在科学实验室大环境当中，所以在应用情境时，教师应适当使用具有感染力的语言和一些肢体语言协助配合营造相应的氛围，将学生带入具体情境当中。二是合理利用文字、图片、音频、视频相结合的应用方式，甚至借助新型科技手段如VR技术等，将学生带入具体的模拟情境中，可以很好地解决我们靠传统技术无法模拟的环境，如一些自然环境热带雨林、沙漠等。三是在应用教学情境时，实验室的环境布置和提供给学生们的实验材料应尽可能与所设计的情境相关联，让学生更容易融入相应的情境中探究知识。

　　小学科学教学情境的应用主要体现在新课导入、探究新知和应用拓展三大部分。在新课导入时，通过应用相应的教学情境，能激发学生的学习兴趣，促使学生产生想弄清未知事物或者解决某个问题的迫切愿望，诱发学生探索性思维活动。在探究新知的活动中，情境的应用要与学生探究知识或学习的技能有关，要与新课导入的情境紧密联系。当学生有所发现时，教师应及时引导，让学生的发现与情境相扣，使学生在探究新知时能有成功感、归属感和目标感，从而能更积极主动地参与到新知的探究学习中。在应用拓展阶段时，可延续新课导入时的情境，也可设计应用新的情境，特别是生活化的情境，引导学生把所学知识联系运用于实际生活，使所学知识得到继续扩展和延伸。

　　总之，在小学科学教学中，教师应抓住学生的心理特点，根据教材内容设计和应用适当的教学情境，让情境为我们的教与学服务，激发学生的学习兴趣，引发学生的联想，促进学生在原有概念的基础上积极建构新知，发展科学素养。

参考文献

［1］R.基思·索耶.剑桥学习科学手册［M］.北京：教育科学出版社，2010.

［2］温·哈伦.科学教育的原则和大概念［M］.韦钰，译.北京：科学普及出版社，2011.

［3］弗拉维尔，米勒.认知发展［M］.邓赐平，译.上海：华东师范大学出版社，2002.

［4］李吉林.情境课程的操作与案例［M］.北京：教育科学出版社，2008.

小学科学情境教学随笔

——从《建高塔》一课引发的思考

深圳市福田区天健小学　黄伟欣

苏霍姆林斯基在《教育的艺术》一书中指出："学习兴趣是儿童实现成功的根本动力。"要增强学生的学习兴趣，毫无疑问需要教师根据学生的心理特点，遵循他们的认知规律，在课堂上有意识地创设能激发学生学习兴趣的情境。

情境对于学习者来说是如此之重要，关于情境创设和情境教学也有不少的研究成果。从创设的策略上看，有挂图、模型展示、PPT、动画、视频、角色扮演、游戏情境、观看时事新闻等。但凡能激发学生学习兴趣的做法都可以应用到教学中。然而，无论利用什么样的策略进行创设情境，最后创设出来的情境内容都应当合乎教育学和心理学方面的基本原则。比如：情境要合乎学生的认知规律；要合乎学生的年龄特点；要合乎学科思想特点；要有趣味性；要紧密联系现实生活；要紧紧围绕学习目标；还要很好地利用学生的认知冲突等。笔者在最近一段时间也进行了一些关于情境创设与情境教学的实验研究，发现教师在情境创设原则上和情境教学中某些特定的方面容易犯错，并且在情境创设过程中有一些两难的境地，在此和大家分享。

一、情境创设与情境教学的失败经验

1. 以为很了解学生的喜好

随着教育方式转变思潮的浸染，近些年，笔者对"以学生为中心，一切教学行为的起点都是学生"这句话有一定的了解与思考。比如：在单元学习开始之前，对学生进行前概念的调查；在教学设计每一个环节，都会反问自己：这样做合乎学生的认知规律吗？

在2014年下半年的公开课《建高塔》教学设计时，笔者倍有信心地采用了红遍大江南北的"喜羊羊"作为情境的主人翁，创设了一个这样的情境"可恶的灰太狼经常偷偷地溜进羊村，并伤害了一些小羊。勇敢的喜羊羊为了防范灰太狼再次潜入羊村，决心在羊村口建一个高塔，一旦发现灰太狼来了，就立刻发出信号，警醒小伙伴们快点回家关好门窗。可是，如何设计高塔才能比较稳定不容易倒呢？"并把情境精心制作成了Flash动画影片。

在六（3）班播放情境动画时，却被几个"不领情"的学生当场笑道"故事太幼稚了"。顿时，笔者心里很不是滋味，"天啊，现在的小孩都怎么了！竟然会觉得喜羊羊很幼稚！喜羊羊、光头强不是你们的心头好吗？"被学生这么一闹，课堂教学自然没有像预设的那样进行。大部分学生并没有被这个"精彩"情境所吸引，更没有引发学生对"帮助喜羊羊设计稳定、不容易倒的高塔"情境问题的思考。最后学生只能在教师的"淫威"下完成学习，学习毫无乐趣可言，学习过程还是处于一种被动状态。

这个失败的案例告诉我们："情境的创设一定要基于对学生的认知世界有真正的了解之上。"不同年龄、不同地区、不同收入阶层的家庭以及不同的人生经历都会对学生的认知世界有较大的影响。我们只能与学生打成一片，深入地了解学生，才能真正地了解学生的认知世界，才能创设出适合学生的情境。

2. 学生沉迷在精彩的虚拟情境中，无法自拔

当"喜羊羊"的情境教学失败后，笔者又在寻找着另一个情境的灵感。恰巧，在磨课的那段时间里，"钓鱼岛事件"持续升温，头条新闻频发。笔者利用了这个学生一听就热血沸腾的事件创设这样的情境。近些年，日本企图通过各种卑劣的手段侵占我们的岛屿，以石原慎太郎为首的右翼分子还登上了岛屿。我国民众表示强烈不满，有些爱国人士组成了登岛志愿队准备携带中国国旗登岛。经过一番激烈的战斗，他们终于登上了钓鱼岛。举国庆贺之余，大家建议在岛上建一个高高的灯塔，并让国旗一直飘在塔顶。国防部请同学们想一想，如何设计高塔，才能抵抗台风吹、海浪推，稳定、不容易倒？

情境用PPT做成了影片，配上了《变形金刚4》发起总反攻的背景音乐，加以严词厉色的旁白，气氛紧张，情节激荡起伏，俨然一部大片，学生们看得热血贲张。不少学生表示愤愤不平，和周边同学热议起来，纷纷表达自己的愤慨之情与爱国之心，课堂处于一种失控状态，经过一番平抚之后，学生的心情才得到平复，并关注思考情境中的问题——"如何才能让高塔稳定不容易倒"。随着学习的深入，学生才慢慢地全身心投入到当下的学习中来。

这个失败的案例告诉我们"太过精彩的情境，太过震撼的情境效果，会起到喧宾夺主的反作用，让学生迷失在情境中，忽略了学习主题。"所以，我们需要对创设的情境进行准确的评估，准确预估情境会让学生在学习动机上产生什么样的效应。我们可以通过背景音乐、图片、教师的语气等方式对情境的渲染力进行修正，以达到最佳效果。

3. 学生的思维被情境中的问题带跑了

六年级上册第三单元《建高塔》一课的核心知识目标是让学生通过实验研究得出"什么样的形状结构特征能让高塔更加稳定"。在第三次试讲中，笔者在情境创设时去掉了背景音乐，旁白语言适可而止，把情境的问题非常自然地嵌入到情境中。

"全国民众建议在岛上建一个高高的灯塔，并插上国旗，以宣告主权的完整。但岛上可能会受到台风、海浪的侵袭，那么如何才能让高塔更加牢固，不容易倒呢？"这一问题抛出来后，引发了一场激烈的争辩——"把地基挖平一点""把塔埋入土里，深一点""用钢筋混凝土来做""不对，用太空材料来做"……学生的回答五花八门，浮想联翩，完全不在"点子"上。这时，笔者意识到情境中的问题是如此的关键——起到聚焦学生的思维到本课的探究核心主题上来的作用。

这个失败的案例告诉我们"情境中的问题一定要起到聚焦核心主题的作用。"在创设情境的过程中，课堂学习主题通常都要与情境"无缝衔接"。所以，当学生被情境"吸魂摄魄"之时，就是研究问题出现的最佳时机。而问题的呈现还必须要一针见血地戳中主题，引导学生紧紧围绕主题进行探究。

4. 学生发现，又被情境"忽悠"了

经过前三次的试讲与反思，情境得到完善。在第四次试讲中，学生在情境引领下，自然地进入了主题思考"什么样的形状结构特征能让高塔稳定，不容易倒"。之后就是学生进行猜想、讨论，然后得出集体结论，并利用实验结论做出高塔模型，通过风力、模拟地震测试证明自己设计的形状结构是否可以让高塔稳定。整节课环环相扣，流畅的教学初见模型。但是，在课堂即将结束的时候，学生随口说出一个非常天真的问题，让笔者很难为情。"老师，我们的高塔模型会被国防部选上吗？"语音刚落，笔者愣了一下，接着陷入了沉思，多么不负责的行为啊——笔者用一个美好的情境激起了他们的求知欲，撩起了学生思维的火花，但又赤裸裸地戛然而止，再也没有了下文。而学生还在苦苦等待教师的情境再次出现，让他们的努力探究出的科学理论找一个落脚点。当下课铃声响起，学生才发现又一次被"忽悠"了。学生心里一定在想："什么建高塔啊！都是骗人的，我们小组辛辛苦苦研究了一节课得出的结论，原来只是虚构的一个局，毫无意义！"

在第五次正式公开课上，笔者把每一个环节的过渡都用情境串接起来，让学习的每一个环节都在情境中。比如：实验开始前，创设了这样的情境——国防部要求大家利用现有的材料，先制作一个高塔模型，然后对模型进行稳定性测试，评出最稳定的设计，颁发国家建筑设计最高奖"鲁班奖"。在稳定性测试之后，笔者真的给最稳定的作品颁发了奖状。在即将结束之时，还创设了让学生回到现实的情境"同学们，目前钓鱼岛还是处于争端中，真希望有那么一天，等你们长大了，能在钓鱼岛上建一座高塔，把我们的国旗高高飘扬在塔顶上，告诉全世界人民，这是我们中国的领土。"

这个案例告诉我们的是"让每一个学习的发生都在一个完整的情境中，这才是真正的情境！"这样既能让学生感觉到学有所获、学有所用，还可以让学生长效地在情境中学习，提高学习效果。无论课堂时间多匆忙，在课堂结尾都必须有一个饱满的情境相呼应。

二、情境创设与教学的两难境地

在情境创设与教学的过程中，笔者慢慢地发现，有一些两难境地是无法调和的，比如：性别差异带来的无法调和的矛盾；又或者是教育性与趣味性不兼容。

1. 兼顾性别差异

在像深圳这样的城市，有些学生在五、六年级就开始了第二性征的发育。男、女生的性情兴趣爱好也发生分歧：男生感兴趣的事物大多都是刚性的、力量型的、表面的、酷的；而女生感兴趣的事物大多都是阴柔的、感性的、走心的、可爱的。也就是说，他们很少有共同喜好的事物。更糟糕的是，他们互相之间对对方喜好的事物有一种反感。而我们情境的创设大多情况下都是投其所好，才能抓住学生的学习兴趣。既然性别差异让他们的喜好发生了分化，所以创设情境过程中很难找到男、女学生都喜好的事物作为情境，而且有时候似乎是无解的。比如在"喜羊羊保卫羊村做高塔"的情境中，觉得情境很幼稚的大多都是男生。在访谈中发现，女生对这个情境觉得还是可以接受的。男生最希望看到争强斗胜的肾上激素类情境，而女生最希望看到可爱动人的唯美情境。这种矛盾是无法折中处理的，折中处理的后果就是男女双方都对老师的情境不感兴趣。

笔者觉得这是一个心理学与教育学的跨界问题，很值得一线教师做更多的研究。

2. 教育者的责任使然——营造一个教育意义"高大上"的情境与遭遇大多数学生的冷落

笔者的第一版情境原本是这样设计的——"介绍一些全世界海洋上著名的灯塔，并说明灯塔在中世纪的航海业事业中的巨大作用，请同学为深圳市盐田港航道上的一处暗礁设计并建造一个灯塔，为保障深圳的发展经济做出贡献"。第二版才是喜羊羊保卫羊村的情境。第一版与第二版同时呈现时，绝大多数的被调查学生选择了第二版。他们反馈的意见大致意思是"虽然建灯塔的情境好像挺有意义的，但这事完全与他们小学生毫无关系，所以不感兴趣。比起来，更愿意看喜羊羊的情境，也更有趣些。他们更想在课堂中看到有趣的情境。"作为一名教育者，在后来的教学反思中，笔者还是认为一个有现实意义的情境比一个虚拟的动漫情境更有价值，更应该在课堂中实施。我们不单教给学生知识，还要在情境中浸透情感价值观的教育。"做深圳盐田港航道灯塔"情境里，就浸透了社会责任感的情感教育和学习科学知识是为人类服务的价值观教育。而"喜羊羊保卫羊村建高塔"的情境，始终是一个虚拟情境，没有太多的现实教育意义。但是，学生为什么总是对教育意义"高大上"的情境毫无兴趣？这就是一种两难境地：一方面，教师希望设计教育意义"高大上"的情境，毕竟我们是教育者；而另一方面，现在的"00后"学生生活在比较宽松的社会环境中，不想在有压力、有太多思想负担的情境中学习，只想轻松"零压力"地学习。笔者认为这不单是个教育问题，还是一个社会问题。这个问题也值得我们一线教师做进一步的研究。

浅谈情境教学

深圳市福田区下沙小学　赵　峻

　　教育而今迈进了一个网络空前发达、知识经济高速发展的全新时代，知识获取的途径丰富且多元。作为新时代的教师，必须与时俱进，教学应时刻紧扣"深化教育改革，全面推进素质教育"的主题。"新课改"全面推行以后，现在的课堂已非传统模式下的授课，反而更注重课堂的自主，扭转了传统意义教学中教师简单直白地"教"与学生被动地"学"。在时代背景与教育改革的双重冲击下，教师选择更合适的教学方法显得尤其重要。作为一名科学教师，笔者认为"情境教学"十分适用于日常教学。

　　"情境教学"相较传统教学优势在于：教师有目的地引入或创设具有一定情绪色彩的、以形象为主体的生动具体的场景，以引起学生一定的态度体验，从而帮助学生理解教材，并使学生的心理机能得到发展。情境教学法的核心在于激发学生的情感，让学生通过情感投入地学习，从而达到寓教于乐的目的。情境教学在科学课堂的运用深化了自主课堂形式。这种形式上的变化一方面学生化被动为主动地学，另一方面教师由浅入深地教，从而使课堂从枯燥变多彩。下面，笔者将从以下几个方面来谈一些个人的看法。

一、情境教学对于学生的影响和应用

　　在义务教育阶段，中规中矩的课程制约着学生的学习动机。在情境教学的作用下，学生由上课被动地学习，变成自主、自发地投入学习。学生身临其境地学习与科学相关的知识和技能，并从情境中找寻任务，从情境中获得知识，从情境中激发情感。

　　情境教学通过环境中某些条件的刺激或具有吸引力的特征，并为个体所认识，从而发展成为激发学生兴趣和学习动机的源泉。总结这些年在小学科学课堂上应用情境教学的探索实践，笔者认为情境教学要从"一"而终。

1. 一个激发学生兴趣的"主题"

根据学生的学情特点设计不同情境的"主题"，而这个"主题"往往是引领学生进入学习、激发其兴趣的开端。高、中、低各个年级所制定的"主题"也不尽相同。以科学课为例，如一、二、三年级的学生，适合采用以卡通动画人物为情境的主题，这种情境并非天马行空、虚无缥缈，要契合教学的目标，与之糅合一起形成使学生感兴趣的主题；而四、五、六年级的学生，则更适合以生活为依据的任务式主题，让他们感觉学习的内容就在他们的生活中，让他们身临其境，融入其中。

2. 一个可以和学生"玩"的故事

既然给学生制造了一个好的开端，还要有好的延展，不能为创设情境而创设情境，还需要配合情境创设一个"故事"情节，配合道具、教师言语引导，使学生置身于"故事"之中。在情境教学过程中穿插科学课堂的常规流程："创设问题—提出假设—提出解决方案—实验检验假设—实验结论分享"等，使学生开心地演绎了一场"故事"，而这样的"故事"既能贯穿课堂，又培养了学生的科学素养。

3. 一个可以让学生深思的"问题"

科学是一门需要学生探索的课程，培养学生思考与追寻问题的意识尤其重要，特别是课堂上无效和重复的提问尽量不要占据学生的思维时间和探究过程。在教学过程中，可以多给学生提一些切合主题又引人深思的问题。学生可从中得到所学知识的重点，也可借这些问题放飞思维，叩开科学的大门。

4. 一个良好的"习惯"

情境教学的目的并不是加重教师和学生的负担，其目的是在一个宽松愉悦的环境中使学生获取更多知识。宽松并不代表放纵，愉悦并不是无序。所以，在这样的教学过程中也要注意培养学生的习惯。特别是刚接触科学课的低年级学生，对新的课程感到新鲜、有趣，通过创设情境的帮助，更有利于养成良好的课堂习惯和科学素养。如课堂汇报、聆听、反馈，实验材料的准备、发放、收取及实验记录、分析、汇报等，都可以通过情境的方式培养学生形成良好的习惯，这对学生未来探究学习的影响尤为深远。

5. 一个环环相扣的"过程"

笔者所认为的情境教学，要贯穿整个课堂，所以情境的创设无论是设计问题也好、扮演角色也罢，甚至是演绎故事、分享生活，这些都不能脱离科学教学的宗旨——培养科学素养，学习科学知识。无论是知识理论、探究实践还是情境创设，这些环节都不是无机的割裂，它们由始至终都是一个整体，环环相扣。没有情境的课堂或许没有趣味，但没有知识的情境对于教学来说也是空谈，所以整体很重要。无论教学进行到哪一步，情境总要与之相连相扣，才不枉费设置情境的初衷。

6. 一个激励性强的"评价"

既然选择情境教学法设计教学方案，太过拘泥刻板的评价方式并不合适。实验的正确性固然重要，科学要有科学的求真精神，但学生的体验同样重要，笔者甚至认为对他们激励性的评价有时比实验的结果更重要。自信就是从一次次自评和他评中获得并累加起来的。自信也是学习科学——乃至任何一门学科所要具备的特质。当然，这样的激励评价方式也不应离开情境，不然就会让学生觉得突兀，从而影响学习情绪。

7. 一个收放自如的"结局"

情境教学要"放"也要"收"，结尾点题，达到预设效果。"放"就是情境要点缀我们的导入、贯穿我们的课堂、活跃我们的思维，当然结尾时也应该"收"。如果以情境方式作为课堂的开端，别忘了也让情境结尾。虽然情境只是个辅助，但是也要收放自如、从一而终，不然情境的创设就会失去意义，流于形式，也没有起到应该有的作用。

二、情境教学对于教师的影响和要求

根据深圳现阶段小学科学课程标准的要求，常规的科学课堂，一般上课的流程是导入、猜测、讨论、实验、总结。大多数学生能从这样的课堂环节中学习到相关的知识，但这种形式会显得枯燥刻板。因为情境教学法并非课程标准、硬性规定，情境大都来源于教材以外，或联系生活，或由教师根据自己的意愿来设计，所以情境教学往往被误认为只是课堂的一开始做情境的导入，纯属激发学生的兴趣，而情境教学的精髓是要在探究的乐趣中持续地激发学习动机，从而变被动学习为自我需要。

作为授课教师，使用情境教学并不是无的放矢的乱设情境，也不是天马行空般的多设情境，创设情境也是有选择要求的。笔者认为教师对创设情境要做到"五要"：

1. 要考虑学生

在运用情境教学的过程中，笔者发现低年级的学生更喜欢以故事、任务的形式作为情境的推动，高年级的学生则喜欢问题、引导式的情境推动。除了考虑学生的年龄特点外，还应该对学生的家庭素养、知识结构、认知能力、智力水平、班级特点等因素进行深入了解。经过详细、全面地了解，再选择恰当的情境作为切入点。在情境教学中，教师既是情境的制造者，也是知识、技能、情感等多元素融合的揉捏者。教师在设置情境教学的任务驱动时，要考虑到学生的方方面面，并不能只为了课程硬加情境，否则会适得其反。

2. 要有代入感

上面文章说过，每个情境就如学生进入的每个"故事"。不仅学生要享受每个故事，教师也要投入到每个故事中去。如情境创设的环境、言语、角色，每个情境蕴含的感情等，都需要教师细细琢磨，代入到言语中、角色中、感情中、情境中，再将这样的感染力传递给每个学生。

3. 要有趣实用

并非所有的学生对每门课程都有学习兴趣，情境教学毕竟是游离在课堂、课本、课程之外的辅助式教学方法。想要在教学目标中揉捏点趣味，就需要教师在平时的生活中注重多方面知识的融合，通过课堂的艺术加工，变成情境学习兴趣。无论哪种形式，无非是想寓教学内容于具体形象的情境之中，通过这种潜移默化的暗示作用去影响学生的学习，甚至是教师的教学。试问，谁不喜欢轻松幽默的语言，又有谁不喜欢生动有趣的课堂呢？

4. 要适合实际情况

教师在设计教学情境时，除了要考虑学生、考虑教材以外，还有一个更重要的就是要考虑实际情况。如让南方的学生想象下雪的情景，让内陆的学生想象台风的境遇，似乎太过不切实际。想象也要基于表象，我们设置的情境最好能符合实际情况，别怪学生想象枯竭，也别埋怨学生不配合，应多想想设置的情境是否妥当。虽然并不是所有的课堂、所有的课程都需要情境教学，但是运用教学情境就要设法取得其应有的正面效果，否则会对学生的学习产生阻碍。

5. 要善于总结反思

再好的教育、再优秀的教师也不一定能面面俱到。创设情境不难，难就难在如何实施、如何与教材配合、如何与学生互动、所学的知识如何内化等。这需要教师在每节课后及时地进行总结反思，最好能形成书面资料，只有这样，才能更进一步地推动我们设计运用有效的教学情境。

三、情境教学对于科学课堂的影响和运用

《小学科学新课程标准》明确了新的课程目标与课程内容，也确立了小学科学作为基础性课程将面向全体学生，将从一年级开始全面铺开。新课标也对教师、学生、课堂产生一定影响。小学科学课堂最重要的目的是培养学生的科学素养。所谓科学素养，它包括探究能力、思维能力、创新能力和运用能力等。这种综合能力哪怕是新课标中明确课程目标、课程内容也不一定能学习得到。经过这些年的探讨和研究，笔者将情境教学引入课堂，目的是希望通过情境的介入把科学素养中的各种能力渗透到课堂中去，从而提升学生的科学素养。

情境教学法对课堂的影响是深远的。对于情境在课堂教学上的运用，笔者粗略地谈一下个人的看法：

1. 情境教学对教学目标的运用

小学科学新课标把原来课程设置的三维目标重新分为"科学知识""科学探究""科学态度""科学、技术、社会与环境"四个方面阐述。由此，我们的教学目标也应作相应调整。在以前的课堂中，我们可以教会学生知识、引导学生探究、端正学生的科学态度，但我们无法量化学习的知识技能对科学、技术、社会与环境的影响。因此，笔者借助情境的方式对新课标教学目标的运用加工糅合，使学生不但能在课堂中学习知识、动手探索、升华情感，还能学以致用并还原生活。

2. 情境教学对教学内容的运用

小学科学新课标对课程内容做出了分类，内容包括生命科学、物质科学、地球与宇宙科学、技术与工程四个领域。在不同领域的课堂教学中，设计、运用情境教学有相同也有不同之处。笔者认为：生命科学领域的情境设计，更注重以故事和问题形式来呈现，突出情感和自身的联系，突出感染力。物质科学

领域的情境设计更偏向使用实物场景，贴近现实生活，最好能联系当地的实际情况，因地制宜。地球与宇宙科学的情境设计，则注重模拟和量化，把宏观变成微观，把抽象变成形象。技术与工程领域的情境设计，更侧重角色的扮演与分类，让学生能融入并体会技术工程人员的工作过程，联系实际生活。

　　实践出真知。通过教学实践，笔者认为情境教学适合当前的小学科学课堂，适应当今时代发展，也非常适合新课改的核心理念——"一切为了学生的发展"。情境教学对教师的教学、课堂的管理等有所裨益，但并非所有的课堂都适用，更不能为了情境而情境。情境教学应服务于课堂，而非被其左右，否则会弄巧成拙。作为一名资历尚浅的科学教师，在这些年的教学过程中，使用情境教学虽有所得，然而学无止境，正所谓"路曼曼其修远兮，吾将上下而求索"，笔者对情境教学的探索将一直持续下去。以上是笔者对"情境教学"的一些浅谈，只是一些个人看法，希望能对学生的学习有所帮助，对教师的教学有所帮助，对课堂的运用有所帮助。

小学科学问题情境下的探究式课堂教学

深圳市福田区景秀小学　王仁秋

"科学探究"是小学科学课程标准中出现频率最多的关键词之一。在小学科学教学中，如何组织学生亲历一个又一个探究活动，使学生的探究活动真正成为"有效探究学习的活动过程"呢？笔者认为，在小学科学课堂探究中可以适当运用情境教学。情境的运用，会给课堂带来灵动和欢乐，改变以往的"注入式"教学模式。它针对学生思维的特点和认识规律，以"问题"为手段，以"实验"为突破口，以"探究"为纽带，以"科学生活"为智慧的源泉，使学生在学习过程中获得认知的乐趣、探究的乐趣、创造的乐趣，从而使学习真正成为生动活泼、自我需求的活动。

一、情境创设，问题引领

针对教学内容和教学目标，通过文字、音像、角色模拟等形式精心设置探究情境，提出探究问题，旨在提供感性素材，创设探究氛围，引导探究方向，调动学生自主合作探究的积极性。

精心设置问题情境是课堂教学有效实施的前提。探究性学习就是在这种好奇心驱使下，以问题为导向而且学生有高度智力投入，内容和形式都十分丰富的学习活动。因此，我们在教学中要组织好这一探究环节，就要巧妙创设"问题情境"，在学生头脑中引起认知的兴奋、产生认知的冲突，进而使学生从"为什么会这样"等角度提出问题。

1. 依据学生的生活经历和经验形成问题情境

教学中，我们要善于从学生的生活经历和经验中提炼鲜活的问题。在教授《怎样加快溶解》一课时，笔者出示一杯水和一块糖，接着把糖放入水中，然后说："同学们，现在水有什么变化？"学生的生活经历和经验都让他们一致认为水会变甜。这时，笔者请一位学生尝一尝，并问："甜吗？"学生说："不甜。"其他学生脸上露出诧异的神情。笔者趁机抛出问题："为什么？"学生依据自己的生活经历和经验回答："糖没有溶解。"笔者继续引导："你有什么问题？"学生提出："怎样加快溶解？"这样，让学生轻而易举形成自己的探究问题。在教授《水珠从哪里来》一课时，笔者先从生活经验入手，向同学们抛出问题："从冰柜里拿出来的雪糕、可乐，没有开启直接放在桌面上，为什么过一会雪糕皮、可乐瓶上面布满了小水珠？在深圳的冬天，我们冲凉过后，为什么冲凉房的镜面上布满了水雾（小水珠）？"这些都是学生在生活中看到过的、感受过的原有经验，教师要善于把学生的生活经验升华为问题情境。

2. 依据学生已有的知识经验形成问题情境

运用学生已有的知识去研究新知识，是探究学习的重要策略之一。在教学中，要创设情境，让学生在未知与已知之间找到某种相似，建立关联，由此类比迁移而得出新问题，从而确定探究方向，激发学生探究的兴趣。在教授《磁铁有磁性》一课时，学生对磁铁有磁性原本并不陌生，课开始时，笔者先为学生创设了一个魔术表演的情境——在手心偷偷地贴了一块磁铁，在乒乓球里也偷偷地放了一根铁丝，这样就把乒乓球吸在了向下的手心里，让学生猜猜教师是怎么做到的？这就激发了学生的极大兴趣，激活了他们的思维。学生经过思考后，就猜到了笔者的手里可能藏着磁铁，并且猜到乒乓球里也藏着铁制的物体或磁铁。这样，很自然就引出了本课要研究的主题——磁铁。

通过这样的一个情境小游戏，学生的兴趣已经充分被激发出来了。"到底磁铁能吸引哪些物体呢？"问题是探究学习的起点和主线。笔者让学生带着问题先猜测，然后分小组，在一大堆物体中用磁铁找出被吸引的物体名称，说说制作材料是什么，并在教师的指导下认真填写实验记录。

3. 依据实验形成问题情境

实验是一项兴趣盎然的活动。创设实验情境，科学课有得天独厚的优势。在课堂教学中，要善于采取灵活多变的实验方法，巧妙地安排新颖有趣的实验，通过学生动手、动脑，创设寓教于乐的情境，激发学生的学习兴趣，产生动力，激起强烈的探究欲望。同时，在学生提出问题时，教师还要启发他们对所提出的问题进行比较和评价，从中选出适合自己研究的问题，使学生的思维尽快地集中到要解决的探究问题上。

例如，在上《我们的小缆车》分组实验课上，笔者首先设问："如何让静止的小车运动起来？"学生会想到用手推或拉小车运动。进而，笔者又会提问："如何使小车在不受外力作用的情况下运动起来？"从而引发学生思考，然后通过他们动手操作、理解后，引出重力这个科学概念。

二、自主探究，合作释疑

自主探究要求学生进入问题情境后，通过独立思考、合作探究，解决情境创设中设置的问题。一般先由学生独立思考解决，形成自己的观点和认识，对自主探究不能解决的问题和新的疑难问题，教师根据班级实际情况进行分组或随机组合，通过学生之间相互帮助、合作探究解决。在学生探究过程中，教师调控指导，平等交流，鼓励学生发现、提出和解决新问题。

1. 精心准备"有结构"的探究材料

所谓"有结构"的材料就是从教学目标、教材特点、学生实际、学校条件、当地环境资源等情况出发，精心设计有丰富内在联系的材料。这些材料是蕴含某些关系和规律的典型教学材料的组合。没有"材料"就没有"探究"，充足的"有结构"的材料是学生亲历科学探究活动的充分保证。教师提供"有结构"的材料既要注意从学生的认知水平、心理特点出发，从趣味性、基础性、实践性原则出发，又要尽量排除无关的干扰因素，这样才会形成合理假设，明确探究主题，明确探究思路。例如，在研究不倒翁的秘密时，笔者让学生玩一玩不倒翁并让他们大胆预测："不倒翁不倒与什么有关？"学生认为："可能与里面的橡皮泥有关；可能与底部是球形有关；可能与橡皮泥在底部有关；可能……"。从材料的结构性出发，做合理假设，学生就会紧扣主题，自主探究，步步深入，层层推进。

2. 合理组建"动态探究小组"

在探究之前，只有科学分组、分工明确，才能保证小组探究取得实效。因此，我们应该根据学生的能力倾向、兴趣指向、性格特点、个性差异等条件，根据探究内容的不同动态分组，如可分为异质组、同质组和自由组等。根据不同的探究过程，小组成员可以动态改变，角色和分工也可根据探究内容的不同而做调整。当然，为了调动学生学习的积极性，使每个学生都有更多的锻炼机会，还可以实行小组长轮流制。

3. 巧妙选择探究方法

要引导学生进行科学探究，就要让学生学会选择合适的探究方法，才能提高探究实效。那么，探究方法有哪些呢？一般来说，主要的探究方法有观察（用感官或仪器）、调查、实验（操作变量）、测量与统计等。在科学课堂上，教师要根据探究的具体内容引导学生选择合适的探究方法。如《我们的营养》一课就应确定为实验法来检验；《蚂蚁》一课很明显选择观察法比较好；《水温的变化》一课需要温度计来进行测量和统计。有些内容则需要采用多种方法探究，如《我们周围的土壤》等，既要用到观察法、调查法，还要亲历实验过程，查阅资料等。

4. 注重完善探究计划

如何在课堂的40分钟内让学生进行充分的科学探究呢？计划的制订就显得格外重要。只有合理的探究计划才能避免盲目操作，避免简单的机械重复，才能提高探究的有效性。但是如何设计探究计划，部分学生会感到无从下手。因此，教师可根据探究内容，提供一些探究程序上的框架，引导学生对探究的问题进行分析、细化。教师可以向学生提供"记录表"或"学习指导卡"，还可以制作实验设计单，为学生的探究提供帮助。当学生熟练掌握探究方法后，这种"记录表"也可以由学生自行设计。当学生对探究方法、探究工具、具体操作方式、操作（程序）步骤以及要验证的目标都弄清楚以后，就可以动手实验了。在探究过程中，如发现学生需要，教师还要及时予以引导。

三、交流展示，成果共享

自主探究后，由学生或小组代表向全体同学展示探究成果。教师要引导学生进行补充、质疑，并进行点拨、评价和鼓励。

科学教育的目标是要让学生获得科学知识、认识自然规律。科学规律往往是蕴含在探究的事物之间的。学生只有透过现象才能把握事物的规律，这要求学生必须对探究获得的证据进行归纳和抽象。同时，科学教育的目标更重要的是让学生具有科学分析、归纳和解决问题的能力。要培养学生的这种能力，就必须让学生置身于需要分析和归纳的问题情境中，使之产生这种需要和训练。

下表为《我们的小缆车》分组实验的实验记录表：

"研究拉力大小与小车运动的关系"实验记录表

第_____组

挂____个垫圈，刚好能使小车运动起来			
拉力大小 （垫圈个数）	实验次数	小车运动的快慢	
		从起点到终点的时间	快慢顺序
	1		
	2		
	3		
	1		
	2		
	3		
	1		
	2		
	3		
我们的发现			

　　这张实验记录表看似很简单，实则不然。在这节课上，笔者先引导学生大胆推测并设计出实验方案，然后重点解释了这张表格，让学生理解为什么每一次变量数值的变化要进行至少三次重复实验，同时分析每次实验结果微小数值变化的原因，最后总结、归纳实验数据的不同引出结论，由形象的小车运动抽象到物体受力与运动的关系。

　　在教学中，我们要最大限度促进学生的对话、互动交流。在小组各自探究的基础上，让他们充分展示成果、阐述观点、相互对话。我们还可以通过小论文、图片实物展、知识竞赛、辩论赛、报告会等形式，给学生提供多种展示平台，让学生大胆地发表自己的独特见解，反驳别人的观点，提出困惑，交流在科学探究过程中的感受。

四、提炼整合，学以致用

　　师生共同提炼观点，形成明确结论，构建知识体系，揭示内在联系。教师对学生进行情感态度、价值观上的提升和引导，以及在思考探究方法上进行启迪。设置有生活味的问题情境，要求学生根据学到的知识解决生活中的实际问题，培养学生科学分析、归纳和解决问题的能力，让学生置身于他被需要去帮助解决问题的情境中，促进其主动去运用所学知识解决问题。一是教师在设置情境时，可以有意识地选择一些典型材料，设计学生身边的一些典型性的、有针对性的问题，让学生能感同身受地去想对策解决问题。二是教师也可以选取一些社会热点问题，引导学生综合运用所学知识去分析解决社会现实问题，实现知识的内化和升华，学以致用，同时也可以深化学生的社会责任感。

总之，创设问题情境既为学生的学习提供认知停靠点，又激发学生的学习兴趣。它是促进学生有意义地探究学习的先决条件，更是我们提倡的有效探究教学的加油站。

参考文献

［1］中华人民共和国教育部.义务教育小学科学课程标准［M］.北京：教育部，2017.

［2］李吉林.李吉林与情境教育［M］.北京：人民教育出版社，2007.

［3］李吉林.情境课程的操作与案例［M］.北京：教育科学出版社，2008.

［4］顾明远.李吉林和情境教育学派研究［M］.北京：教育科学出版社，2011.

对问题情境在小学科学生命科学领域中应用的思索

深圳市福田区景田小学　杨　强

一、对生命科学领域的教学情况分析

生命科学领域是小学科学四大教学内容的第一大板块。它相较于物质科学、地球与宇宙科学、技术与工程等板块，更具体、更直观、更贴近学生的原认知水平、更适合作为学生科学课程学习的初始接触知识。以教科版的科学教材来说，三年级上学期的科学课就是以植物开篇，之后紧接着是动物，到三年级下学期又是以植物开篇，之后仍然紧接着是动物。当然，下学期知识的复杂度明显加大，这符合学生的认知规律。整个三年级的科学学习内容，生命科学占到二分之一；以后的四、五、六年级，其他科学领域的知识所占比例逐渐加大，而生命科学的知识所占比例逐渐降低，但在每学年的科学课程中仍占据重要位置，必不可少。

对生命科学领域运用问题情境的教学策略进行独立地探讨，当然还是得牢牢抓住生命科学与其他三大科学领域的不同之处，或者说是生命科学的独特之处，那就是具体、直观、更贴近学生生活。如果忽视或轻视了这一点，原旨在激发学生的认知内驱力，使学生进入积极的思维状态，最终发现问题和解决问题的问题情境的创设，将在实效上大打折扣。所以，教师在生命科学领域运用问题情境的教学策略时，应更多地注重还原生活现象，协助学生搭建起生活与科学之间的桥梁，而不用偏重于课堂问题的具体形式和技巧。

二、在生命科学领域中创设问题情境的原则

1. 指向性

教师提出的问题要指向清晰、用词准确、尽量贴近生活，不要使学生无法

领会教师给出的学习信息，给学生的思维设置不必要的障碍，且所提的问题必须符合学生的知识水平和认知规律。

问题情境设计实例：

三年级上学期第一单元《植物》第5课《植物的叶》，要求学生专门对叶子进行多角度的观察，包括叶子的外形、结构以及生命不同的比较，内容繁多。如果教师在学生观察前后提出的问题在表述的指向性上不够明确和清晰，学生极易在繁多的信息中迷失，从而出现答非所问的情况。比如要让学生掌握区分同一种叶子的能力时，可以在展示多片叶子时，问："请大家仔细观察，这些叶子是同一种植物的叶子吗？你判断的证据是什么呢？"

2. 启发性

教师要创设一个有利于学生发现问题的情境，使学生始终处于思考、探索问题的状态中。这对教师提出的要求是：要让课堂的节奏放慢，不要急着直接给出答案，应始终以学生为本，让学生受到启发后，反思、观察、讨论再重新归纳，从而得出科学结论。

问题情境设计实例：

五年级上学期第一单元《生物与环境》第1、2课《种子发芽实验》，要求学生设计多组绿豆种子发芽条件的对比实验，对比实验的关键点是只能有一个不同条件，其他条件必须一致。这时，教师应在给予学生充分的时间进行实验设计后，选出两个实验设计——分别是同时改变两个条件的和只改变一个条件的，再提问："请大家依据这两个实验设计方案，分别从理论上归纳出实验结论，看看会发生什么情况？"让学生在分析中发现问题，从而理清易混淆的理解误区。

3. 层进性

皮亚杰认为认知的本质就是适应，即儿童的认知是在已有图式的基础上，通过同化、顺应和平衡，不断从低级向高级发展。要让学生实现认知的发展，从失衡中达到新的平衡，问题的设置就要做到由易到难、层层递进、步步深入，问题之间不仅仅是难度的提升，更要前后衔接，这样才能使学生知识体系的建构与其认知规律相一致。

问题情境设计实例：

四年级下学期第二单元《新的生命》第3课《花、果实和种子》，要求学生掌握雄蕊和雌蕊的结构特点及作用。这些知识对学生来说是陌生且较难理解的，所以教师在问题的设置上切忌直奔主题、急于求成。越是有难度的知识点，越应将教学节奏放慢、将问题分层，引导学生进入学习情境，循序渐进地将知识分步消化、吸收。如先将几种花的雄蕊和雌蕊混在一处，问："这些花蕊包括两种不同的类别，你能分一分吗？"接着第二环节的问题是"仔细观察雄蕊和雌蕊，你能试着画出它们的简图吗？"然后再问："哪位同学能说出这些花蕊的各部分的名称吗？"第四环节的问题是"再仔细观察下雌蕊的柱头，你有什么新发现？"最后的问题可以是"小组讨论一下，花是如何传粉的？"等。

4. 广泛性

一般情况下，教师都应力求平等地对待每一个学生，给他们均等的参与课堂活动的机会。但在实际的课堂上，却很难做到这点。许多教师常会有意无意地关注某些学生，而忽视另一些学生。因此，在问题的设置上应注重广泛性，尽可能多考虑全体学生的课堂参与度。

问题情境设计实例：

六年级上学期第四单元《生物的多样性》第5课《相貌各异的我们》，要求学生初步掌握人体相貌上不同的性状特征。教师可以设计如下问题："与同学合作，能找出几种不同的相貌特征？""将不同的相貌特征组合起来，会有多少种相貌不同的人呢？"等。

5. 多样性

研究问题确定的标志是以一个相对固定的语句表达出来的。随着研究的深入，研究者会不断调焦，对问题本身进行修正。所以，研究问题应该是一直被修正着的。换句话说，问题永远是预设中的。而问题的出现形式却具有一定的随机生成性，因为可以是师问生答、生问生答、生问师答等，也可小组讨论、产生怀疑，然后解决问题。教师要善于灵活地运用不同的方式、方法来质疑、解答。

问题情境设计实例：

三年级下学期第二单元《动物的生命周期》，要求学生通过亲历养蚕的过程，建立动物生命周期的模型，并运用这个模型去认识各种动物以及人的生命周期现象。在整个活动过程中，问题出现的形式是多种多样的，教师要做的就是倾听、引导并针对不同的问题选择一个适宜的方式来解决，以期最大限度地激发并保护好学生的学习热情，为之后的知识归纳和提升做好铺垫，打下基础。

三、在生命科学领域中创设问题情境的策略

1. 优化实验问题情境，锻炼科学思维和实验能力

科学课程在功能、内容和结构等方面的创新和突破，均以实验为切入点和突破口。可以说，实验是科学课程形成的起点和出发点。学生最喜欢上科学实验课，是因为可以动手做实验。学生这种对实验本身的热情又会迁移到相关的知识上来，从而激发探求知识的热情，有助于对知识的理解、掌握，有利于观察能力、动手操作的实验能力和创新能力的培养和提高。

生命科学领域的学习是以实验为基础的。学生通过探究式实验，观察事物的变化以获取知识。理论之前进行的实验，是创设问题情境，获取感性知识；理论之后进行的实验，则是为了验证理论，加深对理论的理解。

问题情境设计实例：

四年级下学期第二单元《新的生命》第4课《把种子散播到远处》，教师可以在课堂上先创设三个问题情境：首先可以用常见的毛豆替代教科书中不常见的油菜果荚进行"问题一：毛豆的种子是如何被散播到远处的？"的观察实验；再以鬼针草和葡萄进行"问题二：鬼针草和葡萄的种子传播有什么相同之处？"的探究实验；最后再以狗尾草进行"问题三：狗尾草的种子传播与之前的观察对象有什么不同之处？"的对比实验。通过创设的这三个问题情境所获取的感性知识，提炼出"种子和果实的外部形态、结构对应着种子的传播方式"这一科学理论。拓展活动中提出的"问题四：椰子的种子传播是什么方式？"则是为了加深对科学理论的理解而进行的验证实验。

在这个过程中，学生运用已有的知识和技能，通过实验亲自去发现问题、探究问题和解决问题。同时，这一过程与科学认识过程一致，并且也符合学生的探究心理，遵循学生的认知规律，有效地培养了学生的科学思维和动手实验的能力。

2. 设置思维论证问题，全面培养学生的创造力

创造力是指产生新思想、发现和创造新事物的能力。研究表明，创造者一般都具有独立性、批判性和灵活性等人格特征。而传统的科学教学偏重于纯知

识的教学，教师经常把自己的思维让学生套用，强加于学生，学生的思维想象受到局限，思维能力也得不到有序发展。久而久之，学生只会处理已简化了的科学对象和理想化的科学模型，遇到实际问题就不知所措。因此，教师在教学过程中，应有意识将一些思维论证类型的问题放手让学生去发挥，然后再以点评的方式进行引导和点拨。对实验过程中出现的有悖于科学常理的现象，教师也应抓住时机教导学生不逃避、不掩饰，静下心来分析产生的原因，在实验分析的基础上再次得出客观、正确的科学理论。经过这样持续的训练后，学生的思维论证能力将得到提升，自我意识也会增强，从而有效培养了创造力和批判意识。

问题情境设计实例：

三年级上学期第二单元《动物》第5课《蚂蚁》，要求学生了解蚂蚁的基本生活习性和观察蚂蚁的身体组成部分。教师可以开展思维论证问题"你有什么方法让蚂蚁在课堂上不乱爬影响我们观察？"的方案设计。各种奇思妙想的设计就包含着学生对蚂蚁的基本生活习性的一些认知，可以给教师的后续教学活动指明方向。在"水圈围困蚂蚁"的实验中，可能会出现蚂蚁不怕水，经过几次试探后勇敢涉水而过的现象。教师可以用类似"大家来分析一下这是什么原因？"的问题来激发学生的创新思维。同时，思维论证问题还能培养良好的科学批判意识。

思维论证问题的情境，是对学生自主思维的训练，在环环相扣的问题中激发学生的学习兴趣，形成学习动机，一步步地引导学生自然地进入探究情境，并且将这种情境一直持续下去，其目的是使学生始终保持旺盛的求知状态。

3. 挖掘社会话题，更新知识的社会应用面

信息化社会的标志之一，就是信息传播的广泛性。教师有意识地挖掘与科学相关的热点问题，创设问题情境，有利于培养学生理论联系实际、学以致用的意识，又能切实全面提升学生的科学素养。这是社会发展对人才培养提出的要求。课程内容的选择依据之一，即要使学生掌握日后学习和生活中必备的知识、技能和能力，以帮助学生适应社会。

问题情境设计实例：

六年级上学期第四单元《生物的多样性》第7课《谁选择了它们》，"选择改变着生物"这一部分的内容就可以适时引入当前的社会热点话题——"转基因食品的安全问题"，并提出问题"为什么转基因食品的安全问题会引起大家的关注？"来进一步分析，引导出"选择改变着生物"的科学理论。

利用学生关注或熟悉的社会热点导入新课，能引起学生思维共振，将学生分散的注意力较快集中起来。如果此类话题与学生的兴趣爱好相投，如恰当引入，一方面可以激发学生的学习兴趣，另一方面可以培养学生主动学习、主动探究的良好习惯，增强学生自主学习的意识。

小结：知识只有融入情境之中，才能显示出活力和美感。在生命科学的课堂教学中，尤为如此。教师要根据生命科学领域的知识特点，结合学生的认识水平和认知规律，合理地创设生命科学的问题情境，激发学生主动参与探究，同时尊重和鼓励学生个性化的思维方式，打造一个充满活力、彰显个性的生命科学课堂。

参考文献

［1］郭其俊.一流教师教什么［M］.南京：南京大学出版社，2013.

［2］李晓东.教育心理学［M］.北京：北京大学出版社，2008.

［3］刘旭，顾颉，胡燕.一线教师教育科研指南［M］.成都：四川教育出版社，2006.

［4］王强，孙铭明，郑萍，等.科学实验——教学·研究·学习·方法［M］.北京：科学出版社，2013.

［5］汪基德，宫火良，毛春华.教育信息化与学生心理素质教育［M］.北京：科学出版社，2009.

在情境教学中感受生命历程

深圳市福田区景秀小学　张思琪

学生喜爱动物，对大自然的好奇心、求知欲是与生俱来的。三年级的学生刚接触科学的学习，用植物、动物等生命知识带领他们走进科学，使科学的学习是生动的、丰富的、可亲近的。教材安排了蜗牛、蚯蚓、蚂蚁、金鱼、蚕等平常容易看到又方便亲近的小动物作为生命的研究对象，将学生平时热衷的自发观察活动以科学的名义加以肯定、鼓励与指导，让学生经历小动物的生老病死，并利用科学的方法进行有目的的观察和实验，研究小动物的外形特点和生活习性。在这个过程中，如何更好地开展科学活动来帮助指导学生的科学探究？笔者尝试通过融入情境教学使生命科学的教学活动更加丰富、生动有趣，同时目标明确：为学生提供亲历科学、体验科学的实践机会，培养他们对科学的兴趣和热爱，细心呵护他们与生俱来的好奇心；也为家庭架起一座亲子沟通的桥梁，让父母与子女在饲养动物的活动中一起体验亲情交融的甜蜜，感受求知探索的快乐；在现代化、快节奏的城市高楼中设置一个温馨的港湾。

一、创设历史情境，激发学生的好奇心

科学来源于生活。为了激发学生的学习热情，教师可以从学生的生活经验出发，让他们从生活中发现感兴趣的科学问题。动物是学生身边常见的、喜爱的事物，他们对小动物并不陌生，但是科学的观察活动对于他们来说是陌生的，特别是观察蚕这种平时不太经常看到的小动物。蚕是怎样为人们创造出柔软的桑蚕丝？蚕茧是怎么变成一条条丝线的？他们渴望了解更多。因此，可以用养蚕的历史作为导入，让学生走进网络，走进图书馆，搜集资料，调查其悠久历史，认识了解种桑、养蚕、抽丝、纺织的工具及工艺流程。通过这样强烈、丰富的感性材料，把科学的学习与社会生产、生活密切联系，让学生感受

到蚕的神奇之处，感受到蚕丝给生活带来的美的享受。

二、丰富活动情境，引导学生的科学探究

喜爱动物是每一个学生的天性。他们有过许多情不自禁、兴致勃勃的观察活动，也有过许多惊喜地发现，但是也存在着困惑的问题。他们有许多的为什么，想知道更多的观察办法，希望有人指导他们的观察。根据学生的认知特点，研究成果证明，丰富的活动情境教学能够有效激发学生的学习兴趣，使学生主动参与到学习活动中，从而促进学生探究与创新意识的培养。因此，教师要采用多样的活动情境引导学生的观察、记录和数据分析。

（一）了解科学的饲养方法

在饲养小动物之前，教师应该对学生的饲养方法加以指导，使他们的饲养更加顺利，也让学生们意识到生命的可贵，培养学生对小动物的爱心、责任心。例如在教学中举办"养蚕我知道"的活动。活动案例如下：

1. 讨论怎样养蚕

讨论"关于养蚕，我们知道些什么""有哪些问题需要研究"两个问题。在讨论中，要充分挖掘学生已有的知识经验。如果有养过蚕的同学，一定要让其讲讲；如果无人养过，则大家一起探讨。教师可以这样启发学生"在蚕宝宝出生前，妈妈要做好哪些准备？""我们该怎样做蚕宝宝的妈妈呢？"使学生从食物、住宿、呼吸、保健和安全等方面为蚕宝宝做考虑。教师的引导主要集中在以下几个问题上：

（1）要为蚕宝宝在纸盒中布置一个温暖的家。

（2）别忘了在盒子上扎孔，蚕宝宝也要呼吸。

（3）蚕宝宝怕蚂蚁、蟑螂、老鼠，要把蚕宝宝放在安全的地方。

（4）蚕宝宝不喝水，桑叶洗干净后必须要擦干叶面上的水分才能喂它；饲料不能太稀，否则蚕宝宝会拉肚子。

2. 总结养蚕的相关知识

（1）卵期的管理。

（2）幼虫期的饲养和管理。

（3）吐丝作茧期的管理。

（4）蛾期的管理。

（5）蚕茧的作用以及抽丝的方法。

3. 观看录像

观看《科学种桑养蚕》录像，让学生了解桑树的生长过程，并感受蚕不同阶段的形态，对蚕的生长过程有一个清晰的了解。

4. 交流学习

组织学生交流搜集到的资料，引导学生对资料进行分类整理，帮助学生整理完成《养蚕方法手册》，指导学生更系统地认识如何种桑、如何养蚕，为种桑养蚕实践活动的开展做好准备。此外，学生可以将找到的资料上传至班级博客，还可以在线讨论有关种桑养蚕的问题。

（二）课外观察

在了解科学的饲养方法之后，他们会想要亲自动手饲养小动物。因为饲养的活动中有大量的观察、记录是学生课外进行的，为了使学生的观察更加细致、科学，教师就需要对学生的课外观察提出要求，引导他们收集数据。这里也可以利用活动情境，让学生更加主动地进行记录。例如，可以开展"我是养蚕小能手"活动。活动案例如下：

1. 开展活动

开展"我的蚕房我做主"设计活动，组织学生做好迎接蚕宝宝的准备。

2. 观察蚕卵

要让学生仔细观察蚕卵的大小、颜色、形状，并在此基础上尝试用语言描述出来。关于蚕卵的大小，可以让学生用直尺测量一下它的直径。在观察的过程中，教师要提醒学生：静态的蚕卵也是有生命的，要轻拿轻放，小心呵护。

3. 观察蚁蚕

先让学生用肉眼直接观察，描述刚出壳的蚕像什么，并让学生知道"蚁蚕"这个名字，再用放大镜观察和描述，最后用直尺测量它的长度并记录。

4. 喂养蚕宝宝

对学生来说，养蚕活动既有趣，又充满挑战。因为蚕是生产者，每天都需要有人细心地打扫卫生、更换新食物，间断一天都不行。关于具体的饲养方法，主要从以下几个方面考虑：

（1）刚出生的蚁蚕怕冷，温度要保持在25—27℃。

（2）蚕宝宝还需要较高的湿度，可以在盒子的角落放一小块湿纸巾。

（3）蚕最喜欢吃新鲜的桑叶，每天至少4次——清早、中午、下午、晚上，每次量要适当。

（4）要保持蚕宝宝"家"的清洁卫生。每天打扫，及时清除蚕粪和病蚕；打扫卫生后，要洗手后再喂养。

（5）为了让蚕吃饱，一般一条蚕要占据两条蚕的位置。随着蚕不断长大，要为它不断扩座，蚕座必须疏密适度。

（6）蚕宝宝要经过4次眠后蜕皮的过程，才能逐渐长大。

（7）蚕停食后约6~8天，便开始吐丝结茧，这时的蚕叫熟蚕。

（8）把熟蚕捉到蔟上结茧叫上蔟。上蔟方法：先根据蚕的大小，把准备好的纸盒划分成很多小格，然后把蚕小心地放到分别的小格里。

（三）绘本日记

学生是充满童真童趣的，拥有丰富的想象力。在他们饲养动物的过程中，可以采用绘本日记的形式，引导学生在观察的基础上发挥想象力，给小动物们记录下属于它们的故事。

例如，在教授《蚂蚁》一课时，市面上卖的"蚂蚁工坊"能很好地帮助开展教学。蚂蚁是昆虫的代表，有头、胸、腹三部分和六只脚。学生对蚂蚁的熟悉度很高，但是由于蚂蚁生活在洞穴中，学生对它们的生活习性并不是很清楚。学生希望能知道更多关于蚂蚁活动、洞穴的秘密。"蚂蚁工坊"就是提供一个小型的蚂蚁洞穴，让学生在饲养蚂蚁的过程中，可以看到蚂蚁寻食、搬运、交流等活动。他们可以观察到：一开始，蚂蚁刚刚被放入盒中时惊慌失措，慢慢开始"安定"下来，用触角和同伴交流，一点点搬运盒中的水晶，挖出一条条"隧道"，建造属于它们的宫殿；面对食物时，它们做出反应，有序地工作等。面对这么多神奇有趣的现象，学生自然可以放飞想象的翅膀，用图文并茂的形式记录下属于蚂蚁们的故事。

（四）解决问题

在饲养动物的过程中，学生难免会碰到许多的问题。这些问题具有实用价值和发掘的意义。这时候，教师利用"我是小小科学家"的活动情境，促使学生遇到问题像科学家一样地思考，设计解决问题的方案，并让学生把探究活动的问题、过程用语言文字或图画表达出来，完成一个科学小论文，并且针对这个问题的完成做一次科学报告会。此后，还可让学生提出新问题，并鼓励学生可以再进行一次带着问题的探究，以期望学生有突破性的发现。

三、搭建比赛情境，激励学生持之以恒

心理学家弗洛伊德说："游戏是由愉快促动的，它是满足的源泉。"游戏是学生的天堂。在课堂教学中，教师根据学生的心理特点和教材内容设计各种游戏、创设教学情境，以满足学生爱动好玩的心理，营造一种愉快的学习氛围。这种氛围不但能增长学生的知识，还能发展学生的语言表达能力，提高他们观察、记忆和独立思考的能力，不断挖掘学生的学习潜力。

饲养动物需要较长时间的坚持不懈。在长期的饲养活动中，学生往往容易产生脱离探究目标的行为：观察活动是随意的；记录过程不连续；甚至在新鲜感过后遗忘了对小动物进行喂养、管理而造成活动半途而废。通过记录表以及各类的交流、比赛这样的游戏情境，时刻督促学生观察记录，让学生在轻松愉悦的环境中不间断地观察和记录。

在生命科学领域饲养小动物的活动中，我们可以采取"兴趣引导—搭建平台—全员参与—全程指导—全面关注—学科整合—家校互动"的教学活动模式，旨在引导学生模拟科学家发现知识的过程进行学习，让学生亲自动手饲养、观察、记录、创作绘本日记，并且交流、比赛，使他们的观察、提问、设想、动手实验、表达、交流等探究活动更加丰富，从而有组织的、系统性地获得对小动物的感知，培养学生的恒心、责任感、对事实的尊重、观察的独到性和对大自然生命的热爱。

小学科学物质科学领域教学情境的
应用和设计策略

深圳市福田区梅林小学　张丽萍

　　物质科学是研究物质及其运动和变化规律的基础自然科学。小学科学物质科学领域包括物体与物质、运动与力和能量的表现形式三部分内容。在教学实践中，根据物质科学领域的教学目标和教学内容，有目的地创设服务于学生学习的教学情境，有利于激发学生的学习兴趣，促使他们积极主动地去解决物质科学领域的问题，从而发现规律，让学生了解及理解物质科学领域常见的基本性质和变化过程，使他们的认识逐渐由具体向抽象过渡，逐渐感受、体验和理解物质科学领域的本质，达到培养学生科学素养的目的。

一、物质科学领域教学情境的应用

　　根据课堂教学的各个环节，物质科学领域教学情境的应用可以贯穿于整个教学过程，也可以分别体现在新课导入、探究过程、知识技能应用与巩固三大部分。

1. 新课导入应用教学情境

　　小学生每时每刻都在接触各种各样的物质，感受生活中所发生的多种物质的运动和变化。新课导入应用教学情境，有助于增强学生探究物质科学领域奥秘的好奇心，使他们产生探究愿望。如果教师每次上课前都重复同样的句式"今天我们讲×××"来导入新课，久而久之，学生则会听而不闻，也就很难激发起学生的学习情绪。学生在这种涣散和无意识的心理状态下，是不容易集中精力投入到学习活动中，教学效果可能会大打折扣。

　　设计学生感兴趣且与物质科学领域课题相关的教学情境，不失为一堂课良好的开端。首先，好的新课导入能强烈地吸引学生的注意力。心理学指出：注意是心理活动对一定对象的指向和集中。这说明，人的注意力越集中，对周围其他干扰的抑制力就越强，信息的传输效率也最高，这时人观察得最细致，理解得最深刻，记忆得最牢固。在教学中，教师应在学生进入教室后情绪尚未稳定、注意力尚未集中之前，引入适当的教学情境使学生的注意力尽快集中到物质科学内容的学习上来，使学生为新课的学习做好精神准备。其次，适当教学情境的引入能激发学生的学习兴趣。学习兴趣是一个人力求认识世界、渴望获得科学知识的积极的意向活动。只有对所学的知识产生兴趣，学生的注意力才能保持长久，才会产生学习的积极性和坚定性。通过新课导入应用教学情境，使学生在上课伊始就处于最佳的思维状态，带着对物质领域的浓厚兴趣进入新课的学习。

2. 探究过程应用教学情境

在小学科学教材中，教师引入教学内容的相关问题或者现象后，常规的做法是让学生像科学家那样从事科学探究，引导他们自主获取知识。而教材中呈现的物质科学领域部分探究任务，让学生觉得有些陌生或者有一定的距离，涉及不到实际的生活和切身的利益。如何让学生与探究任务建立密切的联系？设计与物质科学领域课题相关并且关乎学生生活实际的教学情境，能加强学生的情感体验，密切学生与探究活动的关系，驱动他们积极开展科学探究。

根据物质科学领域的教学内容创设生动活泼的学习情境，将问题和现象与学生的生活相联系，与学生感兴趣的事物相联系，使学生通过无形中的角色扮演，主动承担起接受任务并完成任务的责任，情绪愉快地进入探究学习过程，就能为教学目标的达成创设良好的条件。通过应用相关物质领域的教学情境，促使学生产生想弄清未知事物或者解决某个问题的迫切愿望，诱发学生探索性思维活动，有助于学生积极主动地建构科学知识和培养科学能力。当学生兴趣盎然、精神集中地投入到探究过程中，就有希望产生良好的教学效果。同时，当学生有所发现时，教师应及时引导，让学生的发现与情境相扣，使学生在探究新知时能有成功感和目标感，产生对物质科学领域探究的愉悦感，使得他们今后能积极主动地参与到新的科学探究学习活动中。

3. 知识技能应用与巩固应用教学情境

科学使人们永无休止地求索和认识世界，并做出解释和预言。科学教学指导学生探究的意义包括两个层面：第一个层面是获得科学的新知，第二个层面是科学新知必须是有价值的。在物质科学领域探究过程完成后，设计教学情境作为学生进行知识技能应用与巩固的背景，或者延续，或者应用新情境，在情境中使知识得到应用和拓展。教学情境驱动学生科学地解释生活中的现象，对类似的现象做出合乎规律的解释。随着一个个问题的解决，物质科学领域在学生头脑中逐渐清晰起来。因此，通过情境设计解决问题不仅深化了学生对物质科学领域中科学原理的理解，也体现了科学探究成果的应用价值。

同时，学生在教学情境中解决相关问题，有助于不断启发自己进行相似联想和科学想象。他们会逐步发现自己思维过程中的合理性或局限性，进一步建立自己的"经验库"。教学情境设计驱动学生对物质科学领域的具体问题进行分析和解决，学以致用，获得不同程度的成功体验，求知的兴趣得以维持。收获探究成果的喜悦与解决现实问题的兴趣叠加，进一步激发学生对物质科学领域学习产生更大的兴趣。

二、物质科学领域教学情境的设计策略

在小学科学物质科学领域的教学实践中，通过设计出一些真实和准真实的、模拟的教学情境，将知识与技能的学习与"情境"相联系，既能活跃课堂气氛，激发学生的学习兴趣，又能有效推动学生主动探究。如何在物质科学领域教学的不同环节或者整个教学过程中设计适宜的教学情境？教师应把握情境设计的现实性、生活性、趣味性和问题性等策略。

1. 现实性策略

现实性，是指情境来源于现实物质领域。虽然小学科学涉及的物质科学领域内容都是现实的自然世界，但是生活经历决定学生认识和体验的只是其中的一小部分，而且许多现象并没有在他们脑海中留下深刻的印象。科学探究的现象可能会让他们觉得陌生，也许体会不到这部分内容对他们有什么意义。为了拉近学生与科学原理和方法的距离，在设计物质科学领域教学情境时，可以联系当前的社会现实。平时要多关注与学生相关的各类活动，比如和节日相关的活动、校园的文化活动、学生所处社区的有益活动、社会中和学生相关的事情，也可以是和他们父母相关的活动，这些素材都是教学情境设计的源泉。在执教《磁铁有磁性》一课时，教师设计让学生应用磁铁的磁性解决问题。因为

父亲节临近，教学情境中的朱小美帮爸爸打扫卫生，不小心将大头针散落。请同学们帮朱小美想办法快速将散落的大头针拾起。如果突然让学生用磁铁吸引大头针会显得很突兀，结合父亲节的现实引出具体问题，既贴近生活，又能使学生怀着对爸爸的热爱去考虑如何帮朱小美解决问题，将情感态度价值观的教育渗透到教学中。在解决问题的过程中，学生也能深刻地体会到科学知识的应用价值，达到实现知识与技能相联系的目的。

2. 生活性策略

生活性，是指情境必须贴近学生的生活。物质科学领域中不是所有的科学知识都贴近学生的现实生活，而他们关心的、感兴趣的往往是那些贴近自己生活的内容。因此，引入课堂的教学情境更多地应关注学生所关心的内容以及学生在生活中所获得的经验。让他们在熟悉的生活情境中感受科学的重要性，了解物质科学领域内容与日常生活的密切关系。科学教师可以经常和学生聊天，了解他们生活中有哪些经历、爸爸妈妈从事的职业、平时回家都怎样安排学习和生活、节假日都去哪里等。了解了学生的生活实际，在设计生活化教学情境时就会积累不少关于他们生活的素材。在《学会使用地图》一课中，针对学生喜欢去欢乐谷游玩这一情况，请他们在欢乐谷导游图上辨别方位并找到欢乐剧场的洗手间。学生在读懂导游图图示方向的基础上，经过思考、尝试，非常乐于完成这样生活化的问题。总之，把物质科学领域的科学知识融入生活情境中，情境的再现给学生一种亲切感，让学生感受到知识有根、有背景。当然，生活化的情境设计也给了学生自我实现的机会，使得物质科学领域的科学原理和方法在生活的情境中生成建构。

3. 趣味性策略

教学情境的趣味性，是指情境必须能够激发学生的学习热情，调动他们的学习积极性。学生从习惯被动接纳角色，转换成主动投入、主动参与、主动发展的角色。因此，在物质科学领域教学中，情境的趣味性是不可缺少的特征之一。这里值得注意的是根据学生年龄，情境设计要体现"趣味性与真实性的协调"。教师要根据年龄了解他们喜欢看的电影、动画片、喜欢的动植物、学生之间流行的歌曲和小说，选择相适应的趣味情境。比如初次接触科学课程的三年级学生喜欢动画、小动物、游乐场等，因此设计情境可以考虑动画片、童话故事情境；同时小学生整体都喜欢做游戏，情境可以采用游戏情境。有趣的教学情境能提高学生课堂整体的参与度。例如，在执教《磁铁有磁性》一课时，笔者最初采用纯问题情境，学生整体的参与度不高，一部分学困生因为基础较弱并没有积极参与思考。后来，笔者重新设计教学情境，通过上网搜索相关磁铁的动画片，将动画片的情节和教学的内容进行了适当的整合，通过小兔子挖胡萝卜罐头挖到磁铁的情境展开课题。小动物之间因为磁铁发生的趣事和小动物夸张有趣的造型和语言深深地吸引了全体学生，喜欢、愉悦的感情驱动他们饶有兴趣地随着情节的展开去探究磁铁的奥秘，并积极应用探究获得的知识去解决问题。

4. 问题性策略

教学情境的问题性是指情境中必须蕴含具有一定挑战性的、能使学生产生疑惑、激发学生认知冲突、促进学生进行较为深刻思考的科学问题。同时，科学情境也是学生发现问题、提出问题、解决问题的背景和条件。例如，在执教《电能和能量》一课时，当新课导入展示深圳滨海大道的风能、太阳能路灯时，笔者提出问题："这种路灯上面有什么结构，为什么做成这个样子？"当学生通过分析、讨论家用电器及生活中常见事物蕴藏的能量，建立了能量和能量转化的概念之后，呼应前面的问题，请他们分析路灯的结构及能量转化的过程，再进一步拓展，请学生分析采用这种路灯的好处。学生会结合老式路灯能量转化的特点和新式路灯比较，应用本节课内容分析具体问题。联系生活且有挑战性的问题使得他们思维异常活跃，在解决问题的同时，巩固强化了科学认知，环保意识在问题解决中渗透到学生的思想中。物质科学领域情境设计的问题性策略，既可以围绕教学各个环节单独采用，也可以贯穿整个教学过程。通过创设问题情境吸引学生的关注力，通过解决问题发展学生的逻辑思维能力。他们在解决问题的过程中动手动脑，不断感知和体验，解决问题的能力逐步内化形成，并不断在实践中得到提高。

小学科学教学内容的科学性、实验性和通俗性，为情境教学提供了较好的条件。对于物质科学领域内容的情境设计，可以用一个故事情境贯穿始终，体现整节课科学知识学习及应用的完整性，也可以在不同的教学环节应用不同的教学情境。合理运用针对物质科学领域的不同情境设计策略，将学生置于乐观的情感中，使他们在生动形象、风趣幽默的课堂情境中探究知识、提高能力。通过教学情境的设计应用把知识的教学、能力的培养、智力的发展以及道德情操的陶冶，有机地结合起来，从而促进学生的全面发展。

浅谈小学科学情境教学

——以《电磁铁》为例

深圳市福田区荔园小学　吴丽丽

如何设计适合学生年龄特点的学习情境？选择怎样的教学内容才能与学生现有的认识水平相适应？怎样充分利用各种情境进行教学能够使教学效果更好？这一直是笔者在小学科学课堂中进行情境教学研究时思考的问题。今天，笔者沿着《电磁铁》一课的教学来阐述在小学科学实施情境教学的一些思考和认识。

上课开始，笔者先介绍这是一枚普通的铁钉，问学生能不能吸引小铁圈或回形针等铁制品。在学生的争论中，笔者直接操作，学生不由得停止议论，认真观察起来，反复多次接触很小的铁圈与回形针，都不能吸引。许多学生就禁不住感慨："我说不行吧？！它又没有磁性！"在学生普遍觉得它不可能有磁性的时候，笔者请大家看好——还是同一枚铁钉，放入事先准备好的半连入电路的线圈中，并连通电路，做吸引小铁圈的实验，实验成功，但随后小铁圈又掉下。反复几次，学生禁不住发出"咦？！咦？！"的感叹声。此时，学生已被教师创设的问题情境有力地吸引过来，顺利引入电磁铁的学习。

由此，笔者想到，设置问题情境既要从学生的生活常识出发，让学生觉得熟悉、可亲近、可接受，又要注意引起与他们生活常识的冲突。在冲突中，学生更容易进入积极的学习状态。

在研究电磁铁是否有南北极时，先由学生提出猜想，并说出自己的依据。有的说有，因为电磁铁也是磁铁，普通的磁铁都有南北极，所以电磁铁也应该有；有的学生说应该没有，因为这是人为制造的磁铁，不是天然的。这样，问题情境自然形成。学生想知道结果的迫切心情可想而知。

可见，创设问题情境要多关注一些学生的前认知，给他们表达的机会，问题情境自然就会发生，因为学生的前认知不可能一致，问题会如同他们一样独特，并且无处不在。

在学生想到用指南针检验时，考虑到有时很简单的问题，大人也会弄混，所以特别问了学生一个复习性的问题，磁铁红色的一端是什么极？通过问答，再次跟学生强调：磁铁红色的一端为北极，白色的一端为南极。然而，在学生实验探究中，仍然有学生问北极是不是红色的一端？

所以，设置问题情境，进行实验探究，要从学生的实际出发，为学生做好细节性的铺垫，才能使探究学习活动顺利进行。

当学生拿到指南针，思考怎样确定南北极时，部分学生说拿铁钉一端吸引，若吸引的是北极，另一端就是南极。此时，笔者提出质疑，这位同学的方法严谨吗？许多学生不由得进入新的问题情境中：有的觉得可以；有的学生提出应该多次实验；但有的学生认为电磁铁有磁性就可以吸引南极或北极，不能断定，应该两端都做实验，有吸引，有排斥，多做几次，才能确定。这位学生表达如此清晰，其他学生恍然大悟。

由此看出，设置问题情境需要教师深究教材，多多思考研究，才能在寻常处发现不寻常的问题，培养学生的质疑精神和思维的严谨性。

在处理各小组确定的南北极结果时，笔者采取表格形式把各小组的钉尖与顶头的南北极放在一起。学生很快就发现，为什么有的小组与我们结果相同，有的却相反？这样，学生很快再次进入了问题情境。此时，笔者质疑他们能否确认自己的结果正确。部分学生坚定不移，部分学生不由自主地说要反复验证。此时，他们都怀疑是不是电磁铁的磁极可以改变？于是，学生探究的欲望更强烈了。

此刻正是通力合作，互相学习的最佳情境。于是，笔者要求相邻的两个小组若结果相同，奇数组能不能帮偶数组改变？不同的小组能不能找到装置不同的地方？学生顺利进入了实验探究。

看来，问题情境的设计形式也很重要。好的形式更能凸显问题，吸引学生进入情境，激发出探究的热情。

另外，电磁铁的制作视频，是由学生熟悉的某同学操作完成。在播放视频的时候，学生不时发出"嘻嘻嘻，黄××！"但看视频的表情明显地专注了。因为电磁铁的制作是他熟悉的同学录制的，他感兴趣了。在观看视频后，他们对做电磁铁要注意的问题明显比较清晰，制作中也很少出问题，效果比先前用平时的教学视频好得多。

所以，笔者觉得，在创设教学情境时，应该充分认识学生的心理特点，有必要想办法与学生的生活本身发生点关系。因为关注自我是人的天性，尤其是学生，表现更为突出。在伙伴的榜样示范下，他们更有不甘落后，"我也能学得会"的信心。

在活动中，笔者一再提醒每位学生，每个实验至少要操作两次。这是因为，在平时的教学中，笔者发现有学习相对落后的学生被排挤。学生对实验操作有着天然的浓厚兴趣，而落后的学生往往不够自信，服从组长的权威，机会被霸占了。在设置的实验探究活动中，往往要多次验证。在反复的操作中，每一次的验证都是有效的，这既能培养落后学生的自信心也有利于培养学生的合作精神，便于形成团结、和谐的学习氛围，学生做实验的兴趣也会更加浓厚，集体荣誉感会增强。

所以，情境教学要注意创造良好的集体学习气氛，在设计中就要考虑到每位学生，把他们的积极性都调动起来，实验效果才会更精彩。

在交流中，精彩的表达很多。几个被帮助的小组说出了帮助组做了什么：改变电池的连接方式怎么变化的；线圈这样绕，又反方向绕等变化，并着重强调多次实验都是一样的结果。也有学生说把电池反过来接，结果也改变了。有同学很快指出，那与交换导线效果一样啊——不就是电池的正负极换了吗？

看来，在具体的实验教学情境中，学生更便于发现问题。所以，创造具体的实验情境意义重大。

综上所述，可以看出，在丰富的情境中，学习成为学生主动进行的、快乐的事情。教学中应该积极因时因势根据学科特点和教学内容，创设一种良好的学习情境与氛围，使学生形成良好的求知心理与辩证的意识，参与对所学知识的探索、发现与认识。

如何在小学科学地球与宇宙科学领域
进行情境教学

深圳市福田区新莲小学　费 聪

一、什么是情境教学法

情境教学的概念，首先由Brown，Collin，Duguid于1989年在一篇名为《情境认知与学习文化》（Situated Cognition and the Culture of Learning）的论文中提出。他认为"知识只有在它们产生及应用的情境中才能产生意义。知识绝不能从它本身所处的环境中孤立出来。学习知识的最好方法就是在情境中进行。"关于情境教学有各种不同的表述"情境教学就是运用具体生动的场景，以激起学生主动的学习兴趣、提高学习效率的一种教学方法""情境教学是指创设含有真实事件或真实问题的情境，学生在探究事件或解决问题的过程中自主地理解知识、建构意义""情境教学是从教学的需要出发，教师根据教材创设以形象为主体，富有感情色彩的具体场景或氛围，激起和吸引学生主动学习，从而达到最佳教学效果的一种教学方法""情境教学就是创设典型场景，激起学生热烈的情绪，把情感活动和认知活动结合起来的一种教学模式"。

古代的师傅现场授业，徒弟在一旁边看边学习，其实也是一种情境教学。现代的情境教学更是结合了很多新的多媒体手段，如计算机、投影仪、mp3、虚拟现实技术等，营造教师所需要的情境。而这些现代化的教学手段，往往让学生的代入感很强，能够让学生很轻松地融入教学情境中去。

二、小学科学课引入情境教学的意义

情境教学法是建构主义教学法的衍生物，是从学生喜欢玩角色扮演之类的游戏，如过家家、警察抓小偷等游戏中得到启发的。在课堂上，应用情境教学法有利于调动学生的学习积极性，并且能制造极强的代入感，使学生在不知不觉中掌握知识。

我们一般把学习情境分为两大类，即真实情境和虚拟情境。真实情境是指人们进行实践活动时亲临的、客观存在的环境；虚拟情境是指出于某种需要或目的而进行的人为优化、创设的环境。其中，虚拟学习情境又可以分为两种：一种是话语的虚拟，一种是模拟的虚拟。

小学科学课程并不是所有的内容都适合创设虚拟学习情境，要根据教学内容、教学目标和现有的教学条件和资源而定。一般来讲，在条件和资源都满足的情况下，教师应该尽量创设真实的学习情境，让学生在操作中体验和探究，在体验和探究中深化对科学知识的理解。真实的体验也便于学生对知识的迁移。在小学科学中，适合创设虚拟学习情境的内容主要集中在地球与宇宙科学领域，如地球的运转、地表变迁、太阳系、星座等。这部分知识因为比较抽象，学生在实际的生活中也只知其表不知其里，从电视、动画片中对宇宙有一定的认识，但是不系统、不深刻。但是，大部分学生对天文主题具有浓厚的兴趣与好奇心。小学科学教学要保护、尊重并发展学生的这种好奇心。在实际的教学中，教师如果还是采用传统的口头讲解或者幻灯片演示等平面的教学方式，因其描述能力有限，学生只能靠自己的空间想象来弥补信息缺失——但小学生的空间认知和想象力毕竟有限。教师利用现代化信息技术手段创设虚拟学习情境，可以有效冲破这种空间的限制，让学生身临其境地邀游其中，获得逼真的视听体验。学生通过键盘、鼠标等旋转、放大、缩小环境中的虚拟星体，可以对学习内容的细节把握更清楚；以漫游的形式邀游宇宙，探寻星体规律的同时，还可以感受到宇宙空间的魅力。现代VR技术的运用，使得情境教学的方式、方法有了更多的可操作性。使用VR设备教学的课堂，学生的代入感更强，获得学习体验更好。另外，虚拟操作的重复执行可以节省实验材料，避免真实实验的危险。但是，学生在虚拟学习情境中学习只是一个过程，一个辅助手段，最终目的还是能够将所获得的知识、技能和所形成的态度、方法应用到具体的生活中。因此，虚拟学习情境与真实环境是不能割裂的。

三、小学科学虚拟学习情境设计的方法与步骤

（一）教学目标分析

教学目标的分析和确定是整个教学活动最关键的环节。一方面，它对教学活动起着导向、激励和检测的作用；另一方面，它又是对教学效果进行评估的重要依据和指标。判断一个教学案例成功与否，关键要看是否能完成教学目标。因此，对教学目标进行分析与设计是必要的，也是首要的一项工作。教师应根据教学内容和学习者水平去分析和确定教学目标。教师必须吃透教材，充分了解教材的重点、难点以及新旧知识间的联系，明确应该让学生掌握哪些知识、明白什么道理以及训练何种能力。这里的教学目标含义包括：过程与方法、知识与技能、情感与价值等目标。

（二）学习者特征及需求分析

建构主义学习理论认为，知识的获取是个体通过自己的活动与环境交互作用，逐渐形成认知结构的结果，强调学习者的认知主体作用，认为学习是学习者主动地对知识进行意义建构的过程。所以，要想取得好的教学效果，教师要对学习者特征及需求进行分析，了解学生的年龄特点、智力水平、心理状态、兴趣爱好、知识水平和生活经验等。小学科学的学习者主要是6到12岁的儿童。他们思维相对比较简单，缺乏抽象性，学习动机主要取决于感兴趣的程度和对教师的偏爱，有强烈的好奇心，喜欢接受新知识，求知欲望较强，有很强的可塑性，思维活动依赖具体的事物和经验，希望得到老师和家长的表扬。

（三）教学内容分析

小学科学是小学开设的一门必修课程。它以生动直观的自然现象为基础，使小学生领悟有关生命科学（包括动物、植物和人体）、物质科学（如物体、物质、运动、能量等等）、地球与宇宙科学（包括地球概貌与物质、天空中的星体、地球运动引起的变化）、技术与工程四个领域的科学知识。这些内容不仅要满足社会和学生两方面的需求，而且要适应当地经济和文化的发展水平。这些内容需加强科学各领域之间的有机联系，强调知识、能力和情感态度与价值观的整合，使学生获得发现问题并解决问题的能力，理解获取各个领域的知识后如何运用于实际生活中，理解科学知识的发展历史，掌握获取各个领域知识的手段。

（四）虚拟学习情境类型的确立

课堂中的学习情境复杂而多样。由于人们的理论依据不同，认识角度不同，学习情境有多种分类方法，并且还有一定的交叉性，按照在课堂上应用的环节可分为：导入情境、重点情境、难点情境、总结情境。每一节完整的课堂都需要创设这四个环节的情境，当然不一定是虚拟学习情境，完全可以是真实情境、话语情境、合作情境等。在课堂教学中，本文根据小学科学的学科特色和小学生的认知特点，以信息技术与课程整合理论为指导，按照创设的情境所起的作用，将虚拟学习情境分为四个大类：直观类虚拟学习情境、问题类虚拟学习情境、实验类虚拟学习情境、体验类虚拟学习情境。当然，在实际教学中，各种情境是相互融合、不可分割的，只是它们侧重表现哪方面的内容，我们就把它归到哪一类，实际应用时要灵活掌握。

1. 虚拟直观学习情境

直观情境侧重于让学生形象、生动地感知事物。利用多媒体创设的直观情境，以其多种媒体集成的特点，将复杂的问题简明化、抽象的问题形象化，利于学生理解和接受，有效激发学生的学习兴趣，改善学习气氛。通过多媒体创设直观情境，从视觉和听觉两方面刺激学生的感官，进行知识信息的传递是很有必要的。这样，不仅使学生感到科学与日常生活的紧密联系性，大大加强了学习科学的兴趣，而且还可以使学生参与到创设的情境中去探索新事物、提出新观点，培养学生的探究能力和创新能力。

2. 虚拟问题学习情境

问题情境侧重于提出问题，引发学生的思考，激发求知欲。现代心理学认为：思维过程起始于问题的形成和确定。任何思维过程总是指向某一问题，同时，思维的开启需要各种刺激和诱因。因此，教师要充分利用学生好奇心强的心理特点有意识地创设问题情境，做好学生的引导人，来激发学生的求知欲望，启发他们的思维。问题学习情境要精心设计，有针对性，把需要解决的问题巧妙地寓于学生的知识基础之中，在他们心理上造成一种悬念，从而调动学生的注意、记忆和思维。

3. 虚拟实验学习情境

实验情境侧重于帮助学生对科学课中的实验进行探究。小学科学是一门以实验为基础的课程。根据小学生的认知特点，实验本身就对学生有较强的吸引力，这主要来自学生的好奇心和对实验成功的体验。实验使学生在兴奋的状态下，自觉主动地进行探究、掌握知识。它既是帮助学生获得直观感性认识的手段，也是培养学生创新思维的措施。

4. 虚拟体验学习情境

体验情境更注重让学生参与，通过虚拟角色扮演、虚拟漫游和虚拟旅行等手段让学生亲自参与到课堂学习活动当中。学生可以通过这种形式增加对科学的兴趣，从而主动地投入到学习中来。

（五）课堂实施及效果评价

将设计的小学科学课程虚拟学习情境进行课堂教学实施，通过课堂效果发现问题及时修改。例如，学生是否喜欢并且接受这种教学形式；所设计的虚拟学习情境的难易程度如何；虚拟现实技术运用是否恰当；选择的教学资源以及软件是否能支撑课堂教学；等等。同时，根据课后问卷调查的形式，对小学科学课程虚拟学习情境进行效果反馈，根据反馈情况进行修改。例如，是否达到了预期的教学目标及教学效果；学生是否还愿意以这种形式学习科学知识，等等。

（六）地球与宇宙科学领域课堂创设情境实例

案例1：《观察和描述矿物（一）》

通过角色扮演，让学生做一个正在进行野外考察的地质学家。每个小组都得到若干块矿石，但不知道是什么矿石。请学生根据手边的资料对矿石进行描述。学生模仿地质学家在野外考察的做法用指甲、铜钥匙、小刀分别在每种矿石上刻划，并进行记录。最后，每个小组选出一位"权威专家"对本组的观察结论进行总结汇报。

这种类似于角色扮演、半学习半游戏的学习方式，可以极大地调动学生的学习积极性，让学生主动探究学习，真正地改变传统课堂上教师满堂灌的教学弊端。这种角色扮演的情境式教学方式其实并不新鲜。学生在幼儿时期扮家长玩过家家，其实就是模仿成年人行动方式的一种学习。学习应当成为人的一种本能行为，而不应该以一种被强迫的方式来进行。

案例2：《昼夜交替现象》

模拟在科学发展史中，古代人类面对昼夜交替时思考研究为何会产生这一现象的过程。引导学生提出问题：昼夜交替现象是如何产生的？教师解释什么是假说，并请学生模拟古代天文学者进行天文问题研究的研讨会，分小组展开讨论。

学生分组进行讨论，提出本组假说，并在教师的组织下进行辩论，针对本组观点进行说明，并对别的小组提出的假说进行评价。学生可以在白纸上用水彩笔或写或画表达自己的想法。教师首先说明什么是模拟实验，为什么要进行模拟实验。每个小组利用地球仪和手电筒进行模拟实验，验证本组假说是否正确。

本案例主要围绕问题来创设情境，让学生在提出假说和互相辩论中使问题的真相浮出水面。这种以问题为中心的辩论会，一方面学生会更感兴趣，投入的积极性会更高；另一方面，通过辩论也使学生的语言表达能力和逻辑思维能力得到锻炼。最重要的是，要让学生明白：假说只是假设的问题，并不一定是真理，所有的假说最后都要通过实验（实验室实验或模拟实验）的方式来进行验证。只有通过验证的结论才是正确的。

四、情境教学在信息技术时代背景下教学中的地位

笔者认为，在信息技术高度发展的今天，在课堂上巧妙地运用多媒体技术来吸引学生的课堂才是未来科学教学发展的方向。在新技术如雨后春笋般出现的今天，曾经还是想象中的一些事物早已悄悄走入我们的生活之中，比如谷歌眼镜、3D技术等，谁知道明天三维成像技术会不会也走入我们的课堂呢？也许就在不远的未来，我们足不出户就能进行野外远足、探寻宇宙奥秘。教育的意义在于能够创新，能够不断地有新想法、新理念的碰撞。所以，情境教学法也应当随着时代的进步一起发展，将信息技术与传统教学法进行有机的结合。

参考文献

[1] Brown. J. S, Collin. A, Duguid. P. Situated Congnition and the Culture of Learning [J] .Educational Research, 1989, 18 (1) .

[2] 顾明远.教育大辞典 [M] .上海：上海教育出版社，1999.

[3] 张华.课程与教学论 [M] .上海：上海教育出版社，2000.

[4] 韦志成.语文教学情境论 [M] .南宁：广西教育出版社，1996.

[5] 迟艳杰.教学：人存在意义的追求 [D] .上海：华东师范大学，2000.

［6］钟绍春，张琢，李吉南，等.“整合点”诊断方法研究［J］.信息技术教育，2008（2）.

［7］李宁.小学科学课虚拟学习情境的设计研究［D］.长春：东北师范大学，2013.

［8］赖肖冰，等.小学科学教学现状及其影响因素研究［J］.教学与管理，2010（6）.

例谈小学科学地球与宇宙科学领域的情境教学

深圳市福田区园岭小学　赵泽君

　　《小学科学新课程标准》中指出，地球与宇宙科学是小学科学教学的四大领域之一，对培养学生的空间想象能力和逻辑推理能力有着至关重要的作用，占据小学科学重要地位。由于地球与宇宙科学领域本身内容缺乏形象性、直观性和生动性，而小学阶段的学生平时接触和观察这方面的知识太少，有一定的距离感，并且还是以形象思维为主，立体空间思维不强。同时，这一领域的内容学习还需要学生充分发挥空间立体想象，因此学生在理解上有一定困难。很多一线教师反映，地球与宇宙科学领域的内容很难导入，容易陷入枯燥的课堂教学而难以激发学生的探究欲望。这一领域的实验以模型建立为主，但在现实的课堂教学中，不少实验很难模拟真实的宇宙环境，周围光线太强，影响了学生对实验现象的观察。笔者认为，在教学地球与宇宙科学领域时，适当地运用情境教学，在实验材料、空间环境等方面营造一定的情境，激发学生的想象，能有效地推动学生对宇宙空间知识的探索。以下，笔者结合自己的教学实例谈谈如何在地球与宇宙科学领域运用情境教学，引导学生建构知识、发展能力。

一、利用直观形象营造情境，激发想象

　　布鲁诺在他的发现学习理论中强调，学习的最好动机是对所学材料的兴趣，是奖励、竞争之类的外在刺激。选用直观形象的实验材料，不仅能吸引学生的兴趣，而且能激发他们的想象力，引导他们进行大胆地猜想。例如，在执教《昼夜交替现象》一课时，笔者在某班直接语言导入："昼夜交替现象是怎么产生的？"学生脱口而出："地球自转并且绕太阳公转产生的。"他们大多因为课外学习知道了这个结论，所以简单的语言提问并不能激发他们的想象，引导他们多方面地猜想和深入地思考。于是，在另一个班上同样的一节课时，

笔者用超轻黏土自制一蓝色小球模拟地球，用塑料细杆扎在某点上，模拟上课班级的位置，手电筒照亮"地球"的一面；将其投影在大屏幕上，利用反光效果，蓝色球一面亮得发光，模拟白天，一面暗很多，模拟黑夜。当提到"现在我们班处于暗区，怎样可以进入亮区？"时，学生积极发言，提出"地球自转""地球绕太阳公转""地球自转加公转"，甚至更多特殊的运动方式，思维和想象力一下子就因为材料的直观性而被打开了。五年级的学生大多以形象思维为主、抽象思维较弱，模拟材料的直观形象可以迅速将他们带入情境教学中，有利于教师开展课堂教学，培养学生的空间想象力和逻辑推理能力。

二、有效运用前概念，以情入境

情境教学，最大的特点就是以情入境、情真意切，能引起学生情感的共鸣，让学生带着强烈的求知欲去探索新知识。缺乏认知基础的情感体验对学生而言，会产生巨大的距离感。因此，情境的创设需要熟悉学生的认知水平和情感体验，调查他们的前概念，在前概念基础上搭建新知识框架，让他们在旧知识中联系新知识，层层递进掌握新知识。例如，在《为什么一年有四季》一课

自制模拟地球

中，教材以古代人们观察到一年四季中正午的影子长短不同来设计模拟实验，帮助学生理解该课。上课时，笔者却发现学生几乎没有留意到四季中正午的影子长短不同。他们认为一年有四季是因为太阳离地球的远近不同造成的，前概念与新知识冲突较大，很难从四季中正午的影子长短的变化这个现象来理解四季的产生。在设计这节课时，笔者利用语言轻松地导入："一年四季中，比如夏天和冬天，你们感受到最大的不同是什么？"学生大部分回答："夏天热，冬天冷。"笔者再问："你觉得夏天和冬天温度差异那么大，是什么原因造成的？"学生回答："太阳。"笔者继续追问："阳光照射到地球，为什么夏天吸热会更快、温度更高？你能联系上学期我们学过的《怎样得到更多的光和热》的知识尝试解释吗？"学生思考完，部分能猜想到是阳光照射到地球的角度不同。于是，笔者顺着学生合理的推想导入新课，以古人观测的四季中正午

的影子长短不同将他们关注焦点引导到正确的猜想，为后面学生理解模拟实验奠定了知识基础。

地球与宇宙科学领域既是学生学习科学重要的一个领域，也是学生最难理解的一个领域。它涉及的知识繁多，需要学生加强新旧知识间的联系，要有一定的知识基础才能更充分理解模拟实验的基本原理以及为模拟实验产生的现象做出合理的解释。这就要求教师在开展该领域的学习前，必须充分调查学生的前概念，从他们的知识基础出发，引导他们带着正确的猜想或思考进入情境，避免学生深陷情感中而忘记了学习任务，造成无效的情境教学。情境的创设是一种手段，而不是目的，我们必须给学生明确的任务、正确的思路，才能在轻松的气氛中发展他们的逻辑思维。

三、实验情境关注细节，强调重点

地球与宇宙科学领域主要运用的是模拟实验情境。这就要求模拟实验所选用的材料能客观代表被模拟的对象，具有被模拟对象的本质特点。实验时，学生应清楚材料所对应的模拟对象以及实验过程中要重点观察什么样的模拟现象。教师在开展模拟实验情境时，必须在细节上指导学生，让学生知道材料是什么，怎样真实模拟，更要清楚知道观察什么样的现象细节，获得关键信息，突破教学重难点。

例如，在执教《为什么一年有四季》一课时，模拟实验前，教师在讲台上画出地球在公转轨道上A、B、C、D四个方位图，黑板上和地球仪上标识东和西，画出地球公转的方向是自西到东的逆时针方向，避免部分学生模拟实验时方向混乱，同时还画出北极星，让地轴倾斜指向北极星。教师在自制地球仪上清楚画出赤道位置，标识北半球、南半球，让学生清楚观察到地球在公转轨道不同方位时，南、北半球照射到的阳光面积大小不同，有利于他们直观观察到不同季节接收到的阳光总量不同。

这对学生理解四季产生的原因起到很大作用。该课不用市面上的地球仪，是因为市面上售卖的地球仪上面信息太多，干扰部分学生辨别赤道和南、北半球的位置，影响

自制地球仪

他们对现象的判断和观察。

模拟实验情境教学对学生的知识基础和理解能力有较高的要求。实验过程是一个动态过程，一般我们会选择几个关键位置进行静态观察。教师要细致介绍模拟材料，指导好动态实验过程，并强调如何观察静态位置时的细节现象，让学生遵循规律进行模拟，能获取突破教学重点的关键信息，提高模拟实验的探究效果和课堂的实效性。

四、在情境中优化模拟实验，突破难点

《地球的运动》单元，最难理解的两节课是《谁先迎接黎明》和《为什么一年有四季》。教材在安排《谁先迎接黎明》一课时，设计的模拟实验是同学围绕一圈模拟地球，红色卡纸模拟太阳，自转时谁先看到红色卡纸代表谁先迎接黎明。这样的模拟实验设计需要较大的场地，实施较为困难。于是，笔者在执教该课时进行了新的设计，利用自制地球仪和强光手电筒进行模拟实验，实验前告诉学生什么是晨昏线——即模拟实验时，光投射到地球上，靠西边的那个亮线，地球上的某区域一进入这个亮线便代表迎接了黎明，并在自制地球仪上标明北京的位置，在北京西面标明乌鲁木齐的位置。学生可以绕着地轴转动地球仪模拟地球自转，观察谁先进入晨昏线迎接黎明。如此设计，更真实地模拟了地球的自转，直观形象，有助于学生理解，突破了教学难点。

教材在安排《为什么一年有四季》一课时，设计的模拟实验是让学生根据不同季节的杆影变化特点来推测地球所处的季节及四季的成因。在执教时，笔者发现学生因为不能直观观察到阳光直射点，而很难理解直射点以及清楚直射点位置。他们在观察实验时，阳光发散性照射到地球上，并不能直观观察到直射点，因此并不清楚什么情况下太阳的直射点在北半球。针对学生的理解难点，笔者对该课的模拟实验进行改造和优化，不是从不同季节影子的长短不同来判断一年四季，而是从太阳直射和斜射地球时，哪个半球接收到的阳光总量更多来理解四季的产生。学生在生活中能亲身感受到不同季节的阳光总量不同，以此作为模拟实验的知识基础，更能让学生从原理上理解四季的形成。设计该模拟实验时，笔者利用超轻黏土自制地球仪模拟地球，在自制地球仪上标识了赤道和南北半球位置，用强光手电筒模拟太阳。这种手电筒不仅能发出强光，模拟阳光照射到地球，也能在原来光源处发射激光直射到地球上，帮助学

生直观观察到地球公转在不同方位时太阳直射点在哪个位置，亮暗面明显；可以直观观察到直射南半球时，南半球被阳光照射到的面积总量更多，接收到的阳光总量更大，此时为夏天，而北半球接受的阳光总量少，此时为冬天。从学生

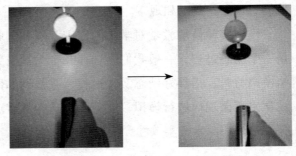

《为什么一年有四季》的模拟实验

的知识基础出发，优化模拟实验，让模拟实验既遵循原理又贴近学生的生活实际，拉近了学生与知识的距离，才能真正突破教学难点。优化模拟实验，让模拟实验的现象更真实、直观，有助于他们建模后的动态想象和静态分析，将学生的探索活动和思维发展有效结合，这在很大程度上帮助学生从形象思维向抽象思维发展。

苏联教育家赞可夫曾指出："教学法一旦触及学生的情绪和意志领域，触及学生的精神需要，便能发挥其高度有效的作用。"情境教学将学生的认知活动和情感活动统一于整个探究活动中，利用情境引起学生的学习动机，尊重了学生在学习活动中的主体地位，发挥了学生的主体能动作用，促使学生主动而快乐地学习。

参考文献

[1] 周海兵.有效开展模拟实验教学 [J].科学课，2014（6）：57-58.

[2] 赵龙.再说模拟实验 [J].科学课，2014（6）：56-57.

[3] 黄维.合理运用情境教材策略 [J].科学课，2014（6）：62-63.

小学科学技术与工程领域教学中
任务驱动情境的创设

深圳市福田区园岭小学　陈炜苣

　　任务驱动是指学生在教师的帮助下，紧紧围绕一个共同的任务活动为中心，在强烈的问题动机的驱动下，通过对学习资源的积极主动应用，进行自主探索和互助协作的学习，在完成既定任务的同时，引导学生产生学习实践的一种活动。任务驱动教学法更适用于解决实际问题的教学，在小学科学四大教学领域中，更能为技术与工程领域所运用。

一、在技术与工程领域教学中创设任务驱动情境的可行性

1. 基于教学内容的可行性分析

　　2017版小学科学课程标准强调，在技术与工程领域的教学中，教师应帮助学生形成以下三条主要概念："人们为了使生产和生活更加便利、快捷、舒适，创造了丰富多彩的人工世界；技术的核心是发明，是人们对自然的利用和改造；工程技术的关键是设计，工程是运用科学和技术进行设计、解决实际问题和制造产品的活动"。

　　在现行的教科版小学科学教材中，技术与工程领域主要体现在三至六年级的教学中。具体分布如下：

技术与工程领域在三至六年级的教学体现

	上册	下册
三年级	《我们周围的材料》	
四年级		《食物》

续　表

	上册	下册
五年级		《热》《时间的测量》
六年级	《工具和机械》《形状与结构》	

由此可见，技术与工程领域教学在小学科学学习阶段不可或缺，并且对于学生动手能力的要求相对较高，十分契合任务驱动情境的设置。

2. 基于学生的可行性分析

现代汉语对于"任务"的解释为：任务，汉语词汇，通常指交派的工作，担负的责任。认知心理学发现，大部分儿童在3岁左右，便能完成大人所吩咐的简单任务，譬如扔垃圾、收拾自己的东西等。而进入小学学龄的学生基本在6-7岁以上，能够理解不同的任务含义，并担负相应的责任，能够做出适当的努力，以达到完成任务目标。

二、如何在技术与工程领域教学中创设不同的任务驱动情境

1. 任务驱动的一般分类

任务驱动应用于理科教学，主要可以分为自学型、记录型、讨论型、思考型、训练型、归类型、应用型、探究型等，其中前五种类型的任务驱动最为普遍与常用，小学科学任意领域的教学过程中都能用到。如生命科学领域《各种各样的花》，让学生自学"完全花与不完全花"的概念，完成对指定几种花的分类；如地球与宇宙科学领域，播放一段有关宇宙的视频，让学生形成宇宙初始概念；如物质科学领域《浮力》，让学生记录泡沫塑料块在水中受到的浮力与所受压力大小以及排开的水量，得出浮力大小与排开的水量之间的关系；如物质科学领域《物质发生了什么变化》，让学生讨论得出物理变化与化学变化的区分主要看是否有新的物质产生；如技术与工程领域《杠杆的科学》，让学生思考怎样利用"撬棍"撬动物体时能省力；如物质科学领域《测量水的温度》，设置几道温度计读数的训练题，让学生掌握温度计的正确读数方法等。

2. 几种常用于技术与工程领域的任务驱动情境

技术与工程领域对于学生利用知识与技术解决某一实际问题的要求高。学生的理论与实践得到统一，开始要求以创新思维融合实际任务。归类型任务驱动、应用型任务驱动、探究型任务驱动在教科版小学科学的技术与工程领域教

学中更适合被设置。

如三年级上学期《给身边的材料分类》，教学目标要求根据可观察到的物体特征和性质，对物体和材料进行描述和分类。为达成教学目标，我们可以设置成归类型任务驱动情境。教师给学生提供粘有"天然材料"和"人造材料"字迹的两个房屋造型的材料框，再提供各种物体，如铅笔、木尺、塑料尺、剪刀、白纸、瓷碗等，设置归类型任务驱动情境为"不同材质的物体都有彼此不同的家。请同学们根据它们各自的特征和性质，帮助桌面上不同材质的物体回到各自的家"。

如六年级上学期《杠杆类工具的研究》，为达到"区分省力杠杆、费力杠杆、不省力也不费力杠杆"的教学目标，教师可给每组同学准备好一块钉了钉子的木块、镊子、尖嘴钳、撬片、杆秤等工具，将归类任务驱动情境设置为"林爷爷的木凳上有一根钉子，坐上去可难受了。请你找出最省力的工具帮林爷爷把钉子取了"。

如五年级下学期《设计制作一个保温杯》，三维教学目标中的情感态度价值观为"激发设计研究保温杯的兴趣，能不断进行尝试和创新"，要求学生有动手创新能力，这是对技术与工程教学领域中最大的挑战。我们可以设置一个探究型任务驱动情境，教师给每个小组准备好三个大小相同的不锈钢杯、陶瓷杯、塑料杯，泡沫块、毛巾若干，布置任务为"怕冷的王奶奶冬天里最想得到一个手工保温杯。请你设计并制作一款最保温的保温杯送给王奶奶"。

如五年级下学期《我的水钟》是对前一课《用水测量时间》的应用，教学目标为"利用剪刀、塑料瓶等简单工具和材料制作一个简易的水钟"。学生在《用水测量时间》中明白古代的水钟"泄水型"和"受水型"的不同原理。在本课中，学生可以根据自己的兴趣自行选择制作一个"泄水型"或"受水型"水钟。教师可设置一个应用型的任务驱动情境为"大雄坐上哆啦A梦的时光机来到了公元前6世纪。他发现这里的人们无法用工具来度量时间，决定利用当地的器皿与自己穿越时携带的现代钟表来帮助他们制作一个本土水钟。请你用塑料瓶作替代品，帮大雄设计并制作一个水钟"。

3. 任务驱动情境创设的一般原则

有效的教学方法必须以学生为中心。任务驱动情境的创设过程中，要以"目标为导向，情感为动力，评价来纠正"为主要原则。其中，目标为教学三维目标，情感为任务创设的驱动力，评价为学生完成任务时教师给予的有效性评价。只有当目标、情感、评价相统一时，才能达到任务驱动情境创设的意义。

三、任务驱动情境创设的注意事项

1. 任务驱动情境创设要体现"以学生为中心"

任务驱动情境课堂的一般流程为"创设情境—确定任务—自主学习—效果评价"。其中创设情境环节主要目的是了解学生的知识储备，让学生感受体验情境的乐趣；确定任务环节让学生明确任务，接受挑战；自主学习环节最主要的方式是合作学习，目的在于同伴之间协作探索，解决任务；效果评价环节是教师与学生一起整理反馈，达到知识迁移与升华的目标。因此，整个情境的设置过程中，教师的主要作用应体现在"引导"与"评价"，而学生才是任务的主体，学生通过合作完成任务，并最终展示成果。

2. 任务驱动的情境要合理，符合学生已有认知

奥苏贝尔的有意义学习理论认为，衡量学生认知水平应当遵循两个重要标准：一是学生要能够把新知识融入已有的知识体系中，与已有的知识建立联系，形成头脑中已有知识的系统化；二是学生在学习了知识以后，要能够将知识具体化，将原理运用于实践。任务驱动情境的创设要建立在学生对"目标知识"与"情境内容"双重认知水平之上。

如《我的水钟》目标知识是"'受水型''泄水型'水钟原理"，情境内容是时空穿越到公元前的任务，学生掌握了目标知识，并对"穿越"活动感兴趣；如《设计制作一个保温杯》目标知识是"热的不良导体可以减慢物体热量的散失"，五年级学生在实际生活中已具备这个生活体验，并在孝敬老人的道德品质上乐意完成"设计与制作保温杯"的任务。

3. 任务效果评价要多维度、多角度、多元化

现代社会学生的学习方式，不再是被动接受知识，更重要的是必须自己去思考、体验和构建，同时还有同学间的相互交流与影响。因此，在评价任务达成效果时，教师不只是评价完成得好与差，更应注重评价学生的合作交流意识、解决问题方法、改进与创新能力等多方面的意识与能力。

参考文献

［1］中华人民共和国教育部.义务教育小学科学课程标准［M］.北京：教育部，2017.

［2］李海燕.任务驱动教学法在教学中的应用［D］.哈尔滨：黑龙江农垦职业学院，2016.

［3］刘金英，董胜利.制作钢索桥模型［J］.湖北教育·科学课，2017（2）.

下 篇

教学设计

《蚯蚓》教学设计

深圳市福田区景田小学　杨　强

【教学内容】

教育科学出版社版小学科学三年级上册第二单元《动物》第4课《蚯蚓》。

学生在日常生活中已经积累了一定的科学知识。对三年级的学生而言，科学作为一门学科他们才刚刚接触，家庭教育的不同使得每个学生对科学知识的认识程度和理解力都存在着差异，所以生命科学作为引导学生进入系统科学知识领域的过渡、衔接作用是非常大的。选择生命科学领域承担这一任务是它本身属性所决定的，因为它贴近学生生活，易于激发学生的学习兴趣，而学生又存在着感觉似是而非的模糊认知，也非常适合对学生的最近发展区进行教育教学。所以，在三年级整个学年，生命科学就占了半壁江山的重要地位。《蚯蚓》一课，通过层层设疑、步步递进的设计环节，创设了一个新奇、刺激的充满科学探究魅力的学习情境，让学生感觉既熟悉又陌生、既有一点害怕又更加兴奋，从而帮助学生对蚯蚓建立全面而客观的认知。

【教学目标】

1. 科学概念

（1）蚯蚓的身体结构。

（2）蚯蚓对外界刺激有反应。

（3）蚯蚓不适合水中环境。

2. 过程与方法

（1）细致的观察力和形成初步的思维论证能力。

（2）规范、严谨的观察记录能力。

3. 情感、态度、价值观

（1）热爱大自然、热爱生命的感情。

（2）认真细致、实事求是的探究精神。

【教学重点】

蚯蚓的身体结构主要包括口、环带、肛门。

【教学难点】

观察实验的实验设计方案。

【教学准备】

1. 学生

四人一组。每组材料有带纸夹板1块；装有蚯蚓的培养皿1杯；保洁手套1只；放大镜1个。

2. 教师

教学课件。

【情境创设】

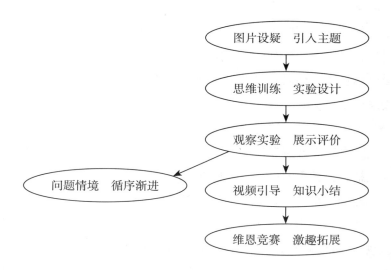

图片设疑　引入主题

↓

思维训练　实验设计

↓

观察实验　展示评价

问题情境　循序渐进

视频引导　知识小结

↓

维恩竞赛　激趣拓展

【教学过程】

（一）导入新课

创设问题一：你在哪里发现过蚯蚓的踪迹？有什么证据可以证明？

教师引导学生梳理出蚯蚓的生活环境。

（二）主题探究

1. 蚯蚓的观察实验

创设问题二：你能利用这些材料设计一个观察蚯蚓的实验吗？

教师提供小组材料并组织学生分小组进行充分讨论。

创设问题三：你能根据刚才梳理的实验操作步骤，进行蚯蚓的观察实验，并同步完成观察记录表吗？

给各小组充分的实验时间，教师巡视并适时点拨。在观察实验之后学生的展示、汇报环节，教师以规范的点评流程对知识进行梳理。

2. 实验设计：蚯蚓对水的反应

创设问题四：一场暴雨过后，我们经常会看到蚯蚓爬出来，谁知道这是为什么吗？

教师先播放一段暴雨过后蚯蚓爬出地面的微视频，引导学生有针对性的回答。

创设问题五：你能设计出一个实验模拟暴雨之后蚯蚓所处的环境吗？

各小组在纸上以简图配文字的形式完成模拟环境设计图，教师在场对各小组进行引导、点拨注意事项及细节规范。

创设题六：大家能对自己的设计图进行简要阐述，并对别的小组的设计图提出修改建议吗？

教师组织、引导学生对设计图进行讨论、分析和评价。

（三）总结及课后探究活动

1. 知识梳理：维恩图——蜗牛和蚯蚓

以教师与学生进行知识竞赛的形式展开，规则如下：教师先说出自己可答出的数量，然后激励全班学生踊跃举手回答，最后比较学生答对的累加数与教师给出的数量，谁多即为赢。教师必须将学生未答到的知识点讲出方能算赢，学生方赢可在课后给答对的学生适度的物质奖励。

2. 课后探究活动

寻找蚯蚓的"好邻居"——蜗牛和蚂蚁。

教师布置的课后探究活动尽量以行动探究任务为主。

【板书设计】

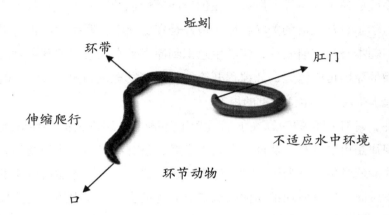

蚯蚓

环带

肛门

伸缩爬行

不适应水中环境

环节动物

口

【学生记录单】

观察蚯蚓记录表

记录时间：_____年_____月_____日　班级：_____　姓名：_____

蚯蚓的样子 （标出身体各部分名称）	类别（□内打✓）	软体动物□ 环节动物□ 爬行动物□ 其他_____
	运动方式（□内打✓）	腹足爬行□ 用脚行走□ 伸缩爬行□ 其他_____
	触碰后的反应（□内打✓）	没反应□ 轻微反应□ 剧烈反应□ 其他_____
	还有其他发现吗？	

【设计意图】

虽然三年级的学生刚刚接触科学课，但就生命科学这一领域的知识来说，他们在以往的生活实践或阅读涉猎中已经有了相当丰富的知识储备了，只是没有得到系统的梳理和引导。所以，在创设问题情境的过程中，教师需要特别关注问题与学生日常生活的关联程度，最好是在引导学生联系生活进行思考的过程中让问题本身带有启发性，使学生意识到原来平常观察到的现象背后还有那么多有趣的原因可以探究，如课程开篇的"如何发现蚯蚓的踪迹？"的问题就可以引起学生对日常生活所见的思考。

另外，环环相扣的问题在前后设置上还要带有层进式的特性。因为学生的认知规律是由易到难，从低级向高级发展，只有在情境中将问题的难度不断提升，才能使学生始终处于思考、探索问题的状态中，也才能通过激发学生的"最近发展区"更有效地推动他们认知能力的进步。本课中的"模拟环境设计图"就是对前面探究问题的一个提升。学生在设计的过程中，既梳理了前面环节所学习到的知识，又将知识正向迁移至实验设计中去应用，这对建构学生的知识新体系和提升他们的思维论证能力都很有帮助。

《蚕卵里孵出的新生命》教学设计

深圳市福田区景秀小学　张思琪

【教学内容】

教育科学出版社版小学科学三年级下册第二单元《动物的生命周期》第1课《蚕卵里孵出的新生命》。

我国是世界上最早种桑养蚕的国家。种桑养蚕不仅带来了巨大的经济效益，而且也蕴含了深厚的人文底蕴，值得学生了解和探索。养蚕活动是小学三年级科学课中的一项内容，旨在通过养蚕让学生亲历蚕宝宝的生长过程，从而体会生命的可贵。虽然学生对蚕有一定的了解，但是具体如何饲养、怎么观察和记录，他们并没有系统的认识。本课是《动物的生命周期》这一单元的第一课，让学生体验感受到每一个蚕卵也是一个生命；了解蚕卵孵化和生长所需的环境条件；学习饲养的科学方法和注意事项；引导学生在饲养过程中进行细致的观察、准确地描述，并学会总结和对比。

【教学目标】

1. 科学概念

（1）了解蚕卵的颜色、形态、大小等。

（2）蚕卵里孕育生命，新的小蚕将从蚕卵里孵出。

（3）在温度、湿度适合的时候，小蚕才会孵出，孵出后就要吃食物。

2. 过程与方法

（1）饲养小蚕的方法。

（2）观察、描述和记录蚁蚕孵出的过程以及小蚕的生长变化过程。

（3）用放大镜对蚕卵进行细致观察，用测量的方法记录蚕的生长变化。

3. 情感、态度、价值观

（1）培养饲养、观察动物的兴趣。

（2）培养对动物的爱心、责任心，细心地照管小蚕。

（3）能在较长一段时间内，坚持观察和记录。

【教学重点】

了解饲养、观察、记录小蚕的方法。

【教学难点】

要鼓励学生全面、细致和科学地观察，必要时应该数一数、量一量。

【教学准备】

分组实验器材：放大镜、直尺、蚕卵、蚁蚕。

教师演示器材：桑叶、莴笋叶以及介绍养蚕方法的图片和课件。

【情境创设】

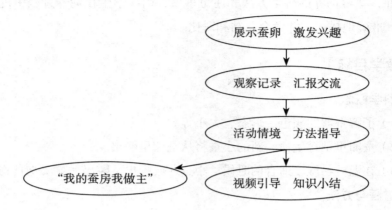

【教学过程】

（一）导入新课

教师展示蚕卵和蚕的图片，激发学生观察及饲养的兴趣，引导学生细致观察，小心爱护。每一个蚕卵就是一个生命。

（二）学习新课

1. 观察蚕卵

学生分组实验，对蚕卵进行观察记录。在实验前，教师提出观察要求：重点观察蚕卵的颜色、大小、形状。

学生分组实验，展示交流。

教师提供的实验材料既有处于不同时期的蚕卵，又有蚁蚕，同时还有空卵壳，要求学生再次仔细观察，思考：预测小蚕什么时候会从蚕卵里出来？讨论小蚕怎样从卵里出来，出来以后会干什么？

学生分组实验观察，汇报交流。

教师小结。

2. 从蚕卵里出来的小生命

教师组织"我的蚕房我做主"主题活动，请学生分组设计"蚕房"，设计前思考讨论以下问题：如何迎接刚刚从蚕卵里孵化的蚕宝宝？我们要为它准备什么？蚕卵孵化需要什么样的条件？蚕生长需要什么样的生活环境？

学生讨论，小组设计。

学生小组汇报，并在汇报中利用设计回答以上问题思考的结果。

学生之间相互交流评价，教师点评，学生互评。

（三）视频引导

教师组织学生进行小组讨论：在温暖舒适的小家里，我们该怎样更好地照顾蚕宝宝，让它们吃饱吃好？怎样保持蚕房的干净清洁及避免蚕宝宝受到伤害？

根据学生的讨论，教师对出现的问题进行引导，播放养蚕视频，展示科学养蚕的方法和注意事项，总结知识点，并对学生后续饲养、观察蚕宝宝做具体指导。

【板书设计】

蚕卵里孵出的新生命

1. 蚕卵：颜色、大小、形状。

2. "我的蚕房我做主"：空气、湿度、温度、清洁。

3. 如何饲养蚕宝宝。

【学生记录单】

《蚕卵里孵出的新生命》学生记录单

班级：_____ 姓名：_____

1. 观察蚕卵			
颜色			
大小		画一个蚕卵	
形状			
其他发现			
2. "我的蚕房我做主"			

【设计意图】

对学生来说，养蚕活动既有趣，又充满挑战。因为蚕是生产者，每天都需要有人给它细心地打扫卫生，更换新食物，间断一天都不行。因为学生的年龄特点，他们的饲养和观察活动是随意的，甚至在新鲜感过后会遗忘对蚕的喂养、管理。他们对于如何饲养小蚕也是一知半解。因此，本课通过"我的蚕房我做主"的活动情境激发学生的主人公精神，发挥他们的主观能动性，通过体会蚕宝宝和我们一样也需要一个温暖舒适的"家"——蚕房，培养他们的爱心和责任心，了解怎样的环境才是蚕宝宝们喜欢的，做好饲养小蚕的物资准备和思想准备，以及了解饲养、观察、记录的方法。

《运动起来会怎样》教学设计

深圳市福田区景秀小学   张思琪

【教学内容】

教育科学出版社版小学科学四年级上册第四单元《我们的身体》第3课《运动起来会怎样（一）》。

经过了三年级一学年和四年级上学期大半学期的科学学习，学生已经学会要有目的地观察身边的事物。而《我们的身体》这一单元将引导学生意识到自己的身体也是一个可以研究的对象。本课是在学习了身体结构、骨骼和肌肉之后，通过运动起来的变化将呼吸系统和循环系统引入学生的视野，通过各种活动让学生理解这两大系统在支撑人体活动上的作用与联系。

【教学目标】

1. 科学概念

（1）呼吸系统的运行原理。

（2）血液循环系统的运行原理。

（3）运动量增大，有利于增强肺和心脏的力量。

2. 过程与方法

（1）运用实验数据，进行逻辑推理。

（2）利用实验模型辅助理解，加强正向迁移能力的培养。

（3）训练小组协作学习的能力。

3. 情感、态度、价值观

（1）感受人体呼吸与循环过程中的精巧与和谐之美。

（2）培养探究精神，养成缜密思维的学习态度。

【教学重点】

呼吸系统和循环系统的运行原理。

【教学难点】

对呼吸系统过渡到血液循环系统的衔接点的理解。

【教学准备】

平板电脑、塑料袋（呼吸实验用，每人1个）、听诊器、记录单、卡片、软管等。

【情境创设】

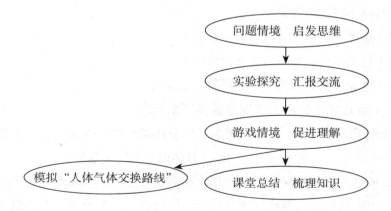

【教学过程】

（一）问题情境导入

教师利用问题导入："同学们平时跑完步，身体有什么感受？"调动起学生的生活经验。

学生回忆、作答。

（二）小组自主合作探究

教师给学生提供实验材料、实验说明、视频、文字、图片等资料，让学生自主探究感受"运动起来会怎样"。

1. 测量心跳和呼吸小实验

请学生原地运动1分钟，感受心跳和呼吸的变化。（活动自选：深蹲、高抬腿、起蹲等项目）

学生活动、记录。

2. 体验呼吸作用小实验

请学生根据实验方法操作：反复呼吸塑料袋里面的空气。

学生活动，并写下感受。

学生分析、讨论，写下发现。

3. 小组合作

通过以上实验体验以及平板电脑上提供的视频、图片、文字等资料，小组合作寻找这3个问题的答案。

（1）运动之后，呼吸为什么会加快？

（2）运动之后，心跳为什么会加快？

（3）呼吸加快和心跳加快之间有什么关系？

（三）游戏探究，深入理解血液循环的过程

在学生了解呼吸和心跳加快是为了给身体输送更多的氧气后，教师紧接着向学生提出问题："氧气和二氧化碳在身体内是如何运输的？"

小组根据之前实验探究得出的规律和多媒体上关于人体血液循环的图片、视频等，思考氧气和二氧化碳在身体内的运行路线，并填写"人体氧气与二氧化碳运行路线图"。

教师提供氧气、二氧化碳、血液的头饰，学生带上头饰进行分角色扮演，同时教师提供代表着鼻腔、咽喉、气管、支气管、肺、心脏、身体各部分的游戏卡片，请学生分组以游戏的方法利用卡片、头饰模拟展示氧气、二氧化碳和血液在身体内各部分的运行路线。

学生小组展示，相互评价。

（四）课堂总结，梳理知识

引导学生小结，梳理呼吸系统与血液循环系统之间的衔接点，也就是心跳加快与呼吸加快的因果联系，感受人体各部分器官之间精密、和谐之美。

教师总结强调经常锻炼身体可以加大肺活量，使得心脏更加强壮，利于身体健康。

【板书设计】

运动起来会怎样

呼吸加快——吸入更多的氧气，呼出更多二氧化碳

心跳加快——血液循环加快

【学生记录单】

一、活动任务单

测量心跳和呼吸小实验

我们的问题：原地运动1分钟后心跳和呼吸有什么变化？（深蹲、高抬腿、起蹲等项目）

心跳和呼吸记录表

	平静状态	运动1分钟后
每分钟呼吸的次数		
每分钟心跳的次数		

（一呼一吸算呼吸一次，心跳可用听诊器测量）

我的发现：_____

_____

体验呼吸作用小实验

实验方法：反复呼吸保鲜袋里面的空气。

我的感受：_____。

我的发现：（结合人体吸时和呼出的气体成分比较表）通过对实验的分析，我们发现人的呼吸实际上是在进行_____，吸入_____，排出_____。

小组任务：小组通过以上实验体验以及平板电脑上提供的视频、图片、文字等资料，合作寻找以下答案。

1.运动之后，呼吸为什么会加快？

2.运动之后，心跳为什么会加快？

3.呼吸加快和心跳加快之间有什么关系？

二、人体氧气与二氧化碳运行路线图

人体氧气与二氧化碳运行路线图

班级：_____ 第_____小组　日期：_____年_____月_____日

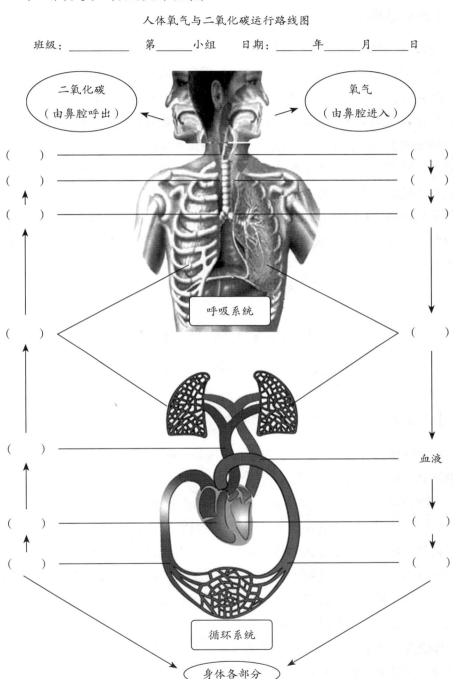

【设计意图】

身体对于学生来说既是熟悉的，又是陌生的。身体为什么会动？运动过后，呼吸和心跳为什么会加快？对这些习以为常的现象，学生很少思考其中的原因和联系，而呼吸系统和循环系统学生也无法直观地观察到，这在理解上会存在着比较大的难度。本教学设计的主旨：一是通过给学生提供大量的资料，结合问题的引导，让学生逐步地了解呼吸系统和循环系统，并思考它们之间的关系，这些思考是建立在学生主动直观的活动基础之上；二是在帮助学生理顺两大系统的关系之后，以游戏的形式让学生小组合作设计活动，模拟展示氧气与二氧化碳的运行路线，促使学生再次学习与思考；三是让学生在游戏情境中梳理知识、验证知识，从而培养他们分析处理数据、建立模型、合作探究的科学素养。

《把种子散播到远处》教学设计

深圳市福田区景田小学　杨　强

【教学内容】

教育科学出版社版小学科学四年级下册第二单元《新的生命》第2课《把种子散播到远处》。

四年级的学生在经历了之前一个学年规范的科学学习之后，科学的学科素养已初具雏形。之后各年级的科学教学活动将对学生的知识、动手实验和兴趣保持等方面进行更加深入和持久地引导。随着年级的递进，学生的知识面和理解力也在相应提升。《把种子散播到远处》从知识层面上来说，跳出了四年级大部分学生的原认知范畴，较少有学生会对种子传播的知识进行过深入地思考与研究，但知识的载体——种子，与学生的生活又有着千丝万缕的联系。所以，本课的实验材料的选择和准备是至关重要的。鉴于只有符合学生的认知发展规律，才能更好地顺应和同化，从而重新构建学生的认知图式。本课创设了层层递进、步步为营的问题情境，环节紧凑、设计严谨但又不拘泥于呆板阻滞之境，让学生在不断流动的实验探究中认识到生命繁殖的本质。

【教学目标】

1. 科学概念

（1）植物传播种子的不同方式。

（2）种子和果实的外部形态、结构对应着种子的传播方式。

2. 过程与方法

（1）在观察的基础上进行合理的假设。

（2）利用实验方式寻找证据，验证推测的过程。

3. 情感、态度、价值观

（1）培养学生的探究意识。

（2）培养学生亲近大自然、热爱大自然的情感，发展对周围事物的好奇心。

【教学重点】

自体传播的概念及种子传播的几种方式。

【教学难点】

通过观察实验自主发现传播的方式。

【教学准备】

1. 学生

四人一组。每组材料有毛豆、鬼针草、葡萄、狗尾草、实验用小刀、放大镜、小托盘。

2. 教师

教学课件、大号绿壳椰子（展示用）。

【情境创设】

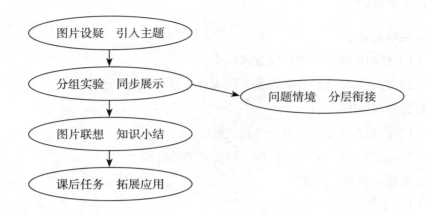

【教学过程】

（一）导入新课

创设问题一：毛豆、苍耳、苹果、葡萄这四种植物的果实如果都落在植物附近，可能会发生什么情况？

教师通过四种植物的生长环境图片引导学生进行针对性的推理。

（二）主题探究

1. 毛豆的观察实验

创设问题二：毛豆的种子是如何被散播到远处的？

教师提供小组材料并组织学生分小组进行充分的探究，实验过程中要求学生同步完成《果实观察实验记录表》，之后在学生的展示环节和教师播放种子的自体传播微视频的过程中，教师适时提炼出自体传播的科学概念。

小组材料：毛豆、实验用小刀、放大镜、小托盘。

活动一：毛豆的种子是如何被散播到远处的？

观察记录表如下：

观察的果实	研究过程				
	看一看	闻一闻	摸一摸	画果实简图，标出种子位置	你们小组还有什么发现呢？
毛豆					

2. 鬼针草和葡萄的观察实验

创设问题三：鬼针草和葡萄的种子传播有什么相同之处？

教师继续提供小组材料，组织学生进行新一轮的探究学习，并以种子的动物传播微视频收尾。

小组增加材料：鬼针草、葡萄。

活动二：鬼针草和葡萄的种子传播有什么相同之处？

观察记录表如下：

观察的果实	研究过程				
	看一看	闻一闻	摸一摸	画果实简图，标出种子位置	你们小组还有什么发现呢？
鬼针草					
葡萄					

3. 狗尾草的观察实验

创设问题四：狗尾草的种子传播与之前的观察对象有什么不同之处？

教师继续提供小组材料，组织学生进行新一轮的探究学习，并以种子的风传播微视频收尾。

小组增加材料：狗尾草。

活动三：狗尾草的种子传播与之前的观察对象有什么不同之处？

观察记录表如下：

观察的果实	研究过程				
	看一看	闻一闻	摸一摸	画果实简图，标出种子位置	你们小组还有什么发现呢？
狗尾草					

（三）总结及课后探究活动

1. 知识小结：屋顶上的植物

教师以图片"屋顶上的植物"配合以下 4 个连贯的问题：

（1）屋顶上怎么会有植物呢？

（2）如果是凤仙花，种子是如何上来的？

（3）如果是樱桃，种子是如何上来的？

（4）如果是蒲公英，种子又是如何上来的？

从而引导出本课的知识小结：种子和果实的外部形态、结构对应着种子的传播方式。

2. 课后探究活动：椰子的种子传播

教师展示大号绿壳椰子，布置探究任务，同时也务必说清楚解剖过程中的安全注意事项，强调必须要家长配合完成。

【板书设计】

把种子散播到远处

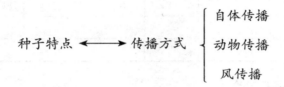

【学生记录单】

果实观察实验记录表

记录时间：_____					记录小组：第___小组	
观察的果实	研究过程				你们小组还有什么发现呢？	小组结论：种子是如何被散播到远处的？
	看一看	闻一闻	摸一摸	画果实简图，标出种子位置		

【设计意图】

实验在生命科学领域处于出发点和归结点的两端地位。问题情境的创设始于实验，学生获取感性知识，并同时产生疑惑，从而开启以解决问题为动力的探究之旅，如本课对4种植物种子的观察实验。而处于归结点一端的实验则是为了验证猜测，加深对科学认知的理解，如本课对毛豆的挤压测试、鬼针草的粘衣测试以及狗尾草的吹气或挥舞测试等，而串起这一系列的实验之旅的桥梁就是优化的实验问题情境。

其实，本课的知识难度并不大，但在一定程度上却跳出了学生的常规认知范畴，所以学生在分类时很易出现混淆。另外，学生在分层次的三次观察实验中能不能通过观察、思考、讨论的方式自主发现种子传播的特点，这都取决于问题情境的设置是否有序、合理且表述简洁、清晰，即实验问题情境的优化度。环环相扣、前后衔接的问题是撑起这节课情境大厦的支架。无论是导入阶段的思维论证，还是主体部分的观察活动，包括要求学生所需具备的探究意识，以及在收集众多证据的实验基础上得出的合理科学论断，都像是在这座大厦中自由飘动的精灵，展示着其生命的活力，并熠熠生辉。

《食物链和食物网》教学设计

深圳市福田区百花小学　廖惠娇

【教学内容】

教育科学出版社版小学科学五年级上册第一单元《生物与环境》第5课《食物链和食物网》。

学生通过学习"种子发芽实验""观察绿豆芽的生长"知道植物生存需要一定的环境并适应环境的变化；通过学习"蚯蚓的选择"知道动物生存也需要一定的环境并对需要的环境进行选择。本课就是在之前学习的基础上进而研究生物与生物之间的相互作用。

本课通过"谁被谁吃"和"田野里的食物网"两个探究活动，让学生建立食物链和食物网的科学概念，并认识到：食物链与食物网就是将植物与动物联系起来；生物之间是相互依存、相互影响的；保护一种生物就是保护多种生物，为后面学生学习生态瓶、生态系统做铺垫。对学生来说，这两个探索活动太抽象，他们很少接触大自然，因此对生物的食性不甚了解。因此，本课教学设计重新创设了两个任务情境来代替教材的活动，用更具体、直观的方式来帮助学生学习和理解抽象概念。

【教学目标】

1. 科学概念

（1）生物之间这种像链环一样的食物关系，叫作食物链。

（2）同一种植物会被不同的动物吃掉，同一种动物也可吃多种食物。生物之间这种复杂的食物关系形成的网状结构，叫作食物网。

2. 过程与方法

（1）通过寻找生态系统中动植物之间的食物关系，学会分析食物链中的生产者和消费者，掌握食物链中的规律，并能正确表达食物链。

（2）能利用食物链和食物网分析保护生态环境的重要性。

3. 情感、态度、价值观

（1）意识到食物网反映了一个生态群落中的动植物之间复杂的食物关系。

（2）在讨论交流的过程中能耐心地倾听并吸收别人的学习成果。

【教学重点】

建立食物链、生产者、消费者、食物网的概念，并会画简单的食物链。

【教学难点】

建立初步的生态系统的概念，形成"生物和生物之间是相互关联的一个整体"的认识。

【教学准备】

"迷雾森林里的活宝石"纪录片片段；多媒体课件；装有不同食物链卡片的箱子8个；食物网的网格纸和小动物与植物的图片卡纸（网格纸和图片卡纸每组一套，同时有一份扩大版的用于全班交流展示）；马克笔。

【情境创设】

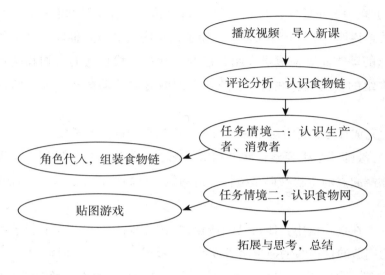

【教学过程】

（一）导入新课

（1）教师播放"迷雾森林里的活宝石"纪录片片段：蝴蝶幼虫吃树叶、花苞，蝴蝶吸取树液，蜥蜴捕杀蝴蝶，蛇捕杀蜥蜴。

（2）教师请学生说一说视频里发生了什么。（引导性提示：按照谁被谁吃的关系说一说）

（二）观察分析，认识食物链

1. "谁被谁吃"探究活动

教师用截图的方式展示视频中出现过的生物，学生回忆视频并观察讨论、分析谁被谁吃，教师板书。

2. 分析食物关系，认识食物链

教师请学生观察思考：这些生物吃与被吃的关系一个个连在一起像什么？你会给这样的关系取什么样的名字？

小结（科学家是如何为这样的关系命名）：生物之间这种像链环一样的食物关系，叫作食物链。（板书：食物链）

（三）任务情境一：角色代入，深入学习食物链，认识生产者、消费者

（1）教师发布任务：有8个箱子，每个箱子里有动植物卡片，卡片背面印有食物关系说明；8个小组各领一个箱子，组内成员每人抽取一张卡片，并代表卡片上的动物向其他成员介绍自己的食性；寻找自己的食物和捕食者，最后写出本组的食物链，并将"食物链"组装好。（动植物卡片与圆环扣好形成链条）

学生完成任务，任务结束后组长把本组的食物链挂在黑板上。

（2）教师请学生观察这些食物链的起点，交流各自的发现。（可适当提示：食物链起点的生物种群是植物；植物能自己制造食物；其他动物靠捕食来果腹）

小结：在食物链中，能自己制造食物的生物叫作生产者，直接或间接消费别的生物制造的食物的生物叫作消费者。（板书：生产者、消费者）

（3）教师请学生指出在每条具体的食物链中，谁为生产者，谁为消费者；并分析交流食物链中箭头指向的特点。

小结：大多数食物链应该从植物开始，但是有的并不是从植物开始的。

（四）任务情境二：贴图游戏，认识食物网

（1）教师请学生观察在上一个活动中出现的8条食物链中有没有哪些生物是重复出现的。（学生能发现存在重复出现的生物）

（2）教师布置任务二：这些动植物都生活在同一个大草原，之间存在着复杂的食物关系。小组内讨论寻找食物链里的哪些生物是重复出现的；利用教师为小组准备的网格纸和整套的动植物卡片，学生可以将卡片贴在网格纸上，用铅笔画出食物链的箭头；最后分析讨论小组的发现。

任务要求：小组内讨论、分析8条食物链特点；在网格纸中贴上对应的图片卡纸，使得8条食物链全部放进网格纸中；并讨论新发现。

小组活动：小组将自己的网格纸贴到展示板上，然后全班交流并修正各食物链，会出现一种生物重复出现在不同食物链的情况。教师注意将该生物的图片修改成交点，会出现一幅食物关系网，进而引出"食物网"的概念。

小结：同一种植物会被不同的动物吃掉，同一种动物也可吃多种食物。生物之间这种复杂的食物关系形成的网状结构，叫作食物网。（板书：食物网）

（五）拓展应用

教师出示材料，要求同学利用所知道的"生物与生物之间可以通过食物链和食物网而产生联系"来分析这种联系对生物生存的影响。

资料提供：20世纪初，在美国西部落基山脉的凯巴伯森林中约有4000头野鹿，而与之相伴的却是一群凶残的狼，威胁着鹿的生存。为了这些鹿的安宁，1906年，美国总统西奥多·罗斯福决定开展一场灭狼行动。到1930年，累计枪杀了6000多头无辜的狼。狼在凯巴伯林区不见了踪影。于是，鹿在那里开始无忧无患地繁殖后代了，不久鹿的数量增长到10万余头。兴旺的鹿群啃食一切可食的植物，吃光野草、毁坏林木，并使以植物为食的其他动物锐减，为此它们也陷于饥饿和疾病之中。到1942年，凯巴伯森林中鹿的数量下降到8000头，且病弱者居多，兴旺一时的鹿家族急剧走向衰败。

学生思考交流：资料中的食物链是怎样的？狼灭绝以后产生了什么后果？未来还会怎样发展？

小结：自然界中的生物之间都是密切联系的。如果一种生物灭绝，就会影响其他多种生物的生存。只有保护好每一种生物，与生物和谐相处，我们的生活才会更美好。

【板书设计】

食物链和食物网

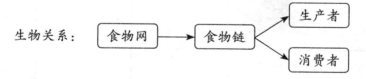

【学生记录单】

《食物链和食物网》课堂记录表

时间：_____年_____月_____日　　记录员：_____

1.箱子里的食物链

2. 草原里的食物链（在网格中贴上生物卡片，用铅笔补充箭头，使之成为食物链）

我的发现：

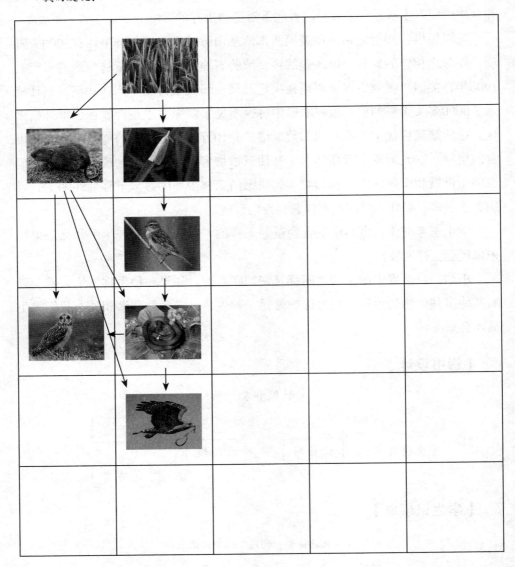

【设计意图】

《食物链和食物网》的学习背景是学生不熟悉的野外环境，因此需要视频来打破空间限制，向学生展示森林里的捕食关系。

获取新知部分采用的是任务情境教学法。学生接近大自然的机会太少，对野生动物了解不多。因此，采用卡片和文字结合的方式向学生传递信息，训练学生的阅读和提取信息的能力。角色代入能让学生从第一人称视角去分析动物的食物关系，体验该动物在食物链中的位置关系。最后，组长将组装好的"食物链"挂在黑板上，8条食物链同时挂起，能让学生更直观分析出食物链起点和终点的特征。将抽象概念具体化有利于小学生学习，因此在学习食物网的概念时，本课继续设计了一个任务情境：贴图游戏。利用网格纸将错综复杂的食物网有序地表现出来，同时在一张大网格纸上呈现全班的结果，让学生之间的汇报交流更直观。

《相貌各异的我们》教学设计

深圳市福田区百花小学　廖惠娇

【教学内容】

教育科学出版社版小学科学六年级上册第四单元《生物的多样性》第5课《相貌各异的我们》。

生态平衡依托于生物多样性。六年级《生物多样性》这一单元是五年级上册第一单元《生物与环境》的升华。在本单元前四课中的学习中，学生认识了生物分布与多种多样的动植物，通过观察、统计、分类等活动初步建立对生物的物种多样性的认识。本课研究对象是生物家族中的人类。学生通过比较人的个体间的差异来认识同一物种间也是千差万别的，从而丰富对生物多样性的认识。

【教学目标】

1. 科学概念

（1）同一种生物不同个体之间存在差异。

（2）生物有不同的性状特征，这些特征的不同组合造就了多样的生命个体。

2. 过程与方法

（1）通过观察，能比较出不同生物个体的性状特征，归纳出不同个体间存在差异。

（2）提高观察能力和辨析不同现象特征的能力。

3. 情感、态度、价值观

激发学生探究生命奥秘的兴趣。

【教学重点】

知道同一种生物不同个体之间存在差异。

【教学难点】

提高学生的观察能力和辨析不同现象特征的能力。

【教学准备】

两位较为相似成年人的照片（本课采用授课教师廖老师与同事陈老师的照片）；手机和拼脸APP；无线投屏设备；性状不同的五官卡纸（拼凑人脸）。

【情境创设】

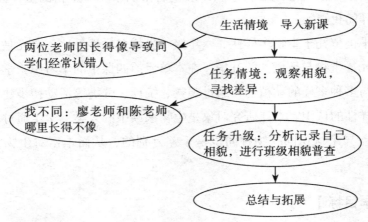

【教学过程】

（一）创设生活情境，导入新课

教师从学生的实际生活体验（学生在校园中经常认错廖老师和陈老师）出发，与学生交流认错人的体验，请学生分析"是否觉得他们两位长得很像，判断长得像的依据是什么？"

教师根据学生的回答，板书"相似性状：脸型，肤色……"。

小结：科学家把不同的样子，外貌叫相貌。（板书课题的"相貌"两字）

（二）创设任务情境：观察相貌特征，寻找差异

（1）教师展示自己和陈老师的照片，布置任务：请学生找一找两个人长得不一样的地方。

学生观察、比较并回答：眼睛、嘴唇等。（答案可能会很笼统）

在学生初步回答后，教师引导比较的方向。

对比两人的某一相貌特征有什么不同，揭示"性状"概念。（板书：性状）

结合对比图引导学生认识：耳朵的性状——有耳垂、无耳垂；眼皮的性状——单眼皮、双眼皮。

（2）学生在教师引导后，分小组对比两人相貌特征中性状的不同并汇报。

小结：经过对比，我们可以发现：因为性状不同，廖老师和陈老师的相貌即使很像还是不一样。（板书补充完整课题：相貌各异的我们）

（三）任务升级：分析记录自己相貌，进行班级相貌普查

1. 教师布置任务

人的相貌有许多不同的性状。我们选取5个性状特征对全班同学的相貌进行观察、记录和统计。（头发、前额、眼皮、耳垂和下颌）

每一个性状特征简单分成两类：

（1）头发分为直发和卷发。

（2）前额发际分为平发际和"V"发际两大类。

（3）眼皮分为双眼皮和单眼皮。

（4）耳垂分为无耳垂和有耳垂。

（5）下颌分为下颌中央有沟和下颌中央无沟。

2. 学生观察

教师请学生首先用自己的方法好好观察自己的这五个性状特征是怎样的（照镜子、互相看、看照片），并完成"我的相貌特征观察记录表"（后附）。

3. 统计全班相貌性状

教师采取喊口令（如请全体同学听口令，卷发的同学坐下，直发的同学起立……），学生做指定动作的方式进行全班统计，并把结果输入EXCEL表（全班同学相貌性状统计表）。

全班同学相貌性状统计表

性状	人数	性状	人数
卷发		直发	
前额"V"发际		前额平发际	
双眼皮		单眼皮	
有耳垂		无耳垂	
下颌中央有沟		下颌中央无沟	

4. 汇报交流

（1）全班通力合作完成了EXCEL表格输入。教师利用软件自动生成统计图表，引导全班对统计图表进行观察分析：寻找班里5对相貌特征都相同的同学。

通过依次进行小调查进行筛选：如请单眼皮、平发际的同学起立（许多人起来了），再请其中有耳垂的同学坐下（坐下去两个），根据性状特征继续筛选，最后两个人站着。

通过这个小调查游戏，学生会发现班里拥有5对相同性状的人数很少。

教师继续追问：他们俩像吗？（此时配合手机拍照，用拼脸APP将这两位同学的大头照处理比拼在一起，投屏至大屏幕）

学生会发现，即使5对相貌性状相同，这两位同学还是不像。因为人的相貌不仅仅只有这些性状，还有其他性状没有分析。

教师引导学生思考：仅仅统计5对性状就已经把全班50人筛选剩下两个人，如果我们再考虑更多的相貌特征会出现人数更少的现象。而人类的相貌就是通过这样的性状组合而成的。

（2）教师请学生利用数学思维，统计总结：这5对性状可以组合成多少种相貌。根据学生回答，教师一边板书树状图，一边总结规律：

2个相貌特征将我们分成了4类。

3个相貌特征将我们分成了8类。

4个相貌特征将我们分成了16类。

5个相貌特征将我们分成了32类。

总结规律：$2×2×2×2×2=32$。

（四）总结与拓展

教师请学生继续深入思考：如果是10对、40对相貌性状会有多少种组合？是否能找到相貌完全相同的人吗？

学生可能会提出双胞胎。

教师展示双胞胎的对比照片，请学生找不同，让学生可以直观认识到：即使双胞胎有很多性状特征都相同，但是他们还是存在着差异。请学生简单讨论可能影响差异的因素。

教师PPT展示人脸墙图片，总结并强调课题：相貌各异的我们。

课后拓展：回家和爸爸妈妈合影，找找自己和父母相貌性状的相同处和不同处。

【板书设计】

相貌各异的我们

性状　→　组合成　→　相貌

【学生记录单】

我的相貌性状分析表

姓名：＿＿＿＿＿＿

相貌性状	头发		发际		眼皮		耳垂		下颌	
	卷发	直发	"V"发际	平发际	有双眼皮	单眼皮	有耳垂	无耳垂	下颌中央有沟	下颌中央无沟
我的性状										

【设计意图】

《相貌各异的我们》学习的背景是生活化的，探究的对象就是自己的相貌。因此，本教学设计以生活情境导入，通过对比上课教师（科学教师）和信息技术教师的相貌，将学生最熟悉的教师作为讨论学习的对象，激发学生的探究兴趣。导入过后，将生活情境转变为任务情境，让学生找出他们相貌的不同之处。锻炼学生学会从不同角度思考问题，并从观察中寻找证据论证自己的观点：两位教师哪里长得像？哪里长得不像？接下来的任务情境升级为班级相貌普查。通过选取5个性状特征对自己进行观察记录，并在全班范围内进行调查筛选，通过数据分析和APP软件让学生直观认识到：人类的相貌就是通过这样的性状组合而成的，即使是双胞胎，他们仍然在性状特征上存在差异。利用情境设计和现代化技术手段将身边的生活现象转化为科学的学习。

《微小世界和我们》教学设计

深圳市福田区景秀小学　姚　晖

【教学内容】

教育科学出版社版小学科学六年级下册第一单元《微小世界》第8课《微小世界和我们》。

《微小世界》这个单元是整个小学阶段生命科学领域学习的最后一个单元，同时因为涉及人类探索工具的发明与改进，所以这个单元是生命科学与物质科学的一个联系点。学生经历了前三年对宏观生命世界的认识，在这个单元中他们学习利用放大镜、显微镜去探索微观生命世界。而作为本单元的最后一节课，既是回顾也是总结，回顾人类不断改进观察工具，不断拓展观察范围的过程，总结人类在不断深入认识微小世界过程中取得的成果。这样的课堂需要学生课前阅读大量的资料，然后在课堂上进行充分交流。在经历了一个单元的学习之后，学生对微小世界有了一定的了解，一般都兴趣较为浓厚，但是对人类探索微小世界带来的成果和其在现实生活的运用学生知之甚少。这一节回顾总结课让学生对生命科学领域有更进一步的认识，特别是人类与微小生命世界之间的联系，也让学生深刻地感受到科学与技术的关系，科学与技术的进步给人类社会发展带来的巨大影响。

【教学目标】

1. 科学概念

（1）认识到由于观察工具的改进，人类的观察范围不断拓展，发现了仅靠肉眼无法发现的自然界的许多秘密。

（2）了解人类探索微小世界的成果，促进了科学技术的发展、社会的进步和人类生活的改善。

2. 过程与方法

（1）总结人类在观察工具改进及探索范围拓展取得的成果，并用流程图表示它们之间的关系。

（2）分主题查阅相关资料，并进行整理、归类，用自己的方式进行交流。

3. 情感、态度、价值观

（1）热爱科学技术，感受到人类在探索世界过程中不断追求和善于追求的精神。

（2）知道周围还有许多没有被发现的物质及自然界的秘密，我们所能看到的只是物质世界的一部分。随着科技的发展，我们还将了解越来越多自然界的秘密。

【教学重点】

分主题总结并用各种方式表现人类探索微小世界取得的成果。

【教学难点】

用流程图总结人类在观察工具改进及探索范围拓展之间的关系。

【教学准备】

1. 学生

学生课前收集人类观察工具发展和观察范围拓展的相关资料，把每一次的发展写在不同的小卡片上，同时分组、分主题（医药、食品、农林业、土壤改良和净化、生物工程、污水和垃圾处理、微电子技术）收集人类探索微小世界取得的成果，并用自己的方式准备展示。

2. 教师

教师做好流程图的大贴图，贴在黑板上，供学生在课堂上往上贴小卡片；提前将实验室分为两个区域进行布置，前半部分属于正常上课区域，后半部分布置为分主题展示区；分组划好区域，以备学生摆放展示材料，如海报、表演的道具等。

【情境创设】

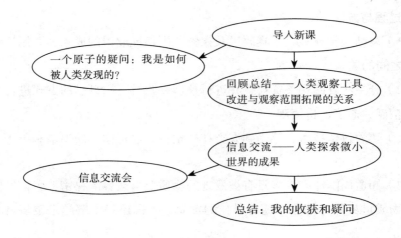

【教学过程】

（一）导入新课

教师利用课件或视频展示一个原子的叙述：人类目前利用仪器能观察到的范围可到原子量级。一个原子出来自述："我很小很小，在人类世界里隐藏得极深，有一天却被人类发现了。让我万分惊讶，人类是怎么发现我的呀？"

（二）回顾总结

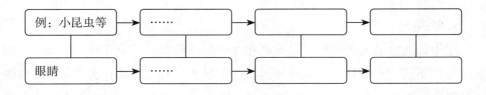

教师在黑板上贴上空白流程图，并举例：人类最初用肉眼观察，最小只能

观察到一些小型昆虫。然后请学生小组合作，将自己收集的有关人类观察工具改进及观察范围拓展的卡片资料，根据黑板上流程图的关系走向，在组内桌面上摆放一次。

小组活动后，请小组长将本组的讨论结果贴在黑板的大流程图里。

教师带领学生一起归类小结原子被人类发现的过程，展望人类科学技术发展的未来，期待会有更深入的发现。

（三）信息交流会

课前，学生已经分组、分主题（医药、食品、农林业、土壤改良和净化、生物工程、污水和垃圾处理、微电子技术）对人类探索微小世界的成果进行资料的搜集和处理，并用自己的方式进行表达准备。

教师请学生到教室的信息交流会会场进行交流，要求每个小组安排学生轮值看守自己的摊位，同时出去了解其他小组展示的信息，并把感兴趣的内容或者产生的疑问进行记录。

（四）总结

学生分享自己在信息交流会上的收获和疑问。教师小结：随着观察工具的不断改进，人类探索微观世界的范围不断拓展，取得的成果已经开始服务我们人类的生活，为人类造福。大家今天的疑问可以在课后继续进一步研究。如果现在解决不了，也不灰心，在今后的学习生活中继续用知识和技术武装自己，相信在不久的将来或许就能迎刃而解，甚至有新的发明或成果出现，从而继续造福社会。

【板书设计】

微小世界和我们

随着观察工具的发展，人类观察范围的不断扩大：

小昆虫等……➝分辨本领为百分之几纳米，直接操纵原子或分子

眼睛 ……➝扫描隧道显微镜

信息交流会——人类探索微小世界的成果

【学生记录单】

《微小世界和我们》资料卡（课前填写）

记录员：＿＿＿＿＿＿

观察工具	观察范围
1. 2. ……	1. 2. ……

信息发布会记录单

记录员：＿＿＿＿＿＿

了解的主题	收获或疑问
1. 2. ……	1. 2. ……

【设计意图】

《微小世界和我们》属于本单元的总结课，是学生资料收集并分享的课堂，有两个部分的内容：一是回顾与总结人类观察工具的改进过程和观察范围的拓展过程；二是人类探索微观世界的成果。如果只是进行纯资料分享，是枯燥无味的，同时也无法引起学生的有效交流和思考。因此，本教学设计从一个原子的自述吸引学生的注意力，串起人类观察工具改进与观察范围拓展之间的联系。因为学生之前没有接触过此类流程图，所以教师用一张大图来帮助学生学会使用流程图对信息进行整理。而对于人类探索微观世界的成果，教师运用了一个"信息交流会"的情境，在教室里划分了区域，分不同的摊位布置，让学生分组、分主题在课前进行资料收集后，用自己的方式在各自的摊位上进行表达，有海报展示、行为表演、试验演示等，同时要求学生在互相交流时做好记录，写下自己的收获和疑问，最后进行全班的交流。在这样的信息交流会上，学生乐在其中且蛮有收获，有效地交流互动也促进了他们的进一步思考，让这节单元总结课成为学生学习的新起点。

《谁流得更快一些》教学设计

深圳市福田区景田小学　杨　强

【教学内容】

教育科学出版社版小学科学三年级上册第四单元《水和空气》第3课《谁流得更快一些》。

本课是在前两课的基础上继续深入研究的一课，指导学生用科学的方法——对比实验来验证"不同的液体流动快慢不同"，并最终认识"液体的黏度"这一新概念。其实在第2课《水和食用油的比较》的学习过程中，学生已经对液体的流速有了一个初步的认识和判断，这就形成了本课开始学习前学生的前概念。但可能大部分学生的前概念限于上一课时的知识关注点和课堂时长，在知识层面的理解都是片面且错误的，所以本课的知识就显得尤为重要且必要。当然，这种认知上的冲突和反转，也是本课可以呈现妙趣横生、高潮迭起的课堂气氛的内在诱因。只要教师设计得巧妙、引导得到位，最终就能让学生剔除掉干扰项，对液体的黏度这一物理特性有一个清晰、准确的认识。

【教学目标】

1. 科学概念

（1）液体都会流动。

（2）流速快慢主要受黏度的影响。

2. 过程与方法

（1）对比实验中的公平原则。

（2）通过实验设计进行思维论证能力的训练。

3. 情感、态度、价值观

（1）熟悉小组协作的合作学习方式。

（2）认真细致、实事求是的探究精神。

【教学重点】

液体的黏度对流速的影响。

【教学难点】

让学生真正理解科学对比实验中的公平原则。

【教学准备】

1. 学生

小组第一阶段器材：食用油杯1个、洗手液杯1个、水杯1个、搅拌棒1根、纸巾若干；小组第二阶段器材：带流速竞赛玻璃板的塑料夹板1块、滴管3根。

2. 教师

教学课件、水20 mL（100 mL烧杯装）、洗手液20 mL（100 mL烧杯装）、已调平的托盘天平1个。

【情境创设】

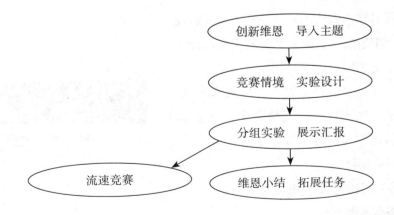

【教学过程】

（一）导入主题

创新维恩图：洗手液、水、食用油。

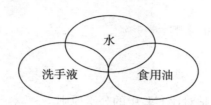

小组领器材（第一阶段实验），对洗手液、水、食用油三种液体进行观察、讨论。

学生汇报。

教师引导学生梳理出三者的相同点和不同点。

（二）实验设计：流速竞赛

（1）教师请学生猜测：你觉得三种液体谁能流得更快一些？并说说理由。

学生汇报。

（2）教师语言引导：今天我们就来设计一个竞赛，用科学的方式验证我们的猜想。教师以运动会起跑相片为引导，请学生小组讨论实验设计的原则。

学生讨论、汇报。

教师引导学生认识到公平是本次实验设计的原则。

学生小组做有关流速竞赛的实验设计。

学生交流展示。

学生互评，教师点评，其中教师有选择性地展示一些不规范的实验设计，通过让学生纠错的过程，最终引导学生达成符合公平原则的实验设计。

（三）实验验证：流速竞赛

1.讲解实验操作规范

小组领器材（第二阶段实验），教师重点提醒流速竞赛跑道的注意事项以及探究记

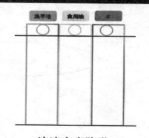

流速竞赛跑道

录表的填写提示。

2. 小组实验：流速竞赛

学生小组多次规范实验、同步记录，教师巡视、点拨、指导。

3. 展示汇报，剖析易混淆点

教师统计竞赛结果，学生小组投影探究记录表并做汇报说明。

易混淆点剖析："液体轻重"一项要不要勾选？

教师用同体积的水和洗手液通过天平测重，并结合上一课油和水的重量对比，引导学生在流速比较中发现矛盾，从而明晰轻重并不是流速快慢的决定因素。

（四）总结及拓展

1. 知识梳理

教师请学生一起梳理洗手液、水、食用油这三种液体的相同点和不同点。

在学生对液体的特性进一步了解后，结合前面课程的学习，教师引导学生利用维恩图归纳总结液体和固体的相同点和不同点。

请学生总结，经过这几天的学习，对"水是一种怎样的液体"有什么认识？

2. 课后拓展活动

请学生以公平原则设计更多的竞赛项目。

【板书设计】

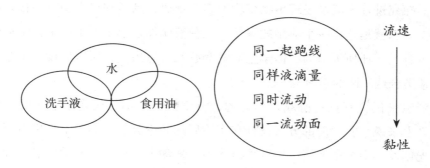

谁流得更快一些

【学生记录单】

流速竞赛探究记录表

记录员：＿＿＿＿＿＿

你的猜测 （□内打"√"）	我认为三种液体中流速最快的是：洗手液□食用油□水□。 流速最慢的是：洗手液□食用油□水□。			
竞赛结果 （以1、2、3标出）		洗手液	食用油	水
	第1次			
	第2次			
	第3次			
结论 （□内打"√"）	三种液体流速最快的是：洗手液□食用油□水□。 流速最慢的是：洗手液□食用油□水□。 我认为液体流动的快慢受到的最大影响因素是： 颜色□轻重□气味□黏度□其他＿＿＿＿＿			

【设计意图】

对于学生来说，物质科学是既熟悉又陌生的知识领域，研究的事物都是日常生活中常见的，甚至是经常忽视其存在的。所以，如何让学生在探究时产生深厚的兴趣，并孜孜不倦地持续下去，就需要教师挖掘出隐藏在表面平平无奇的研究对象之下的丰富资源，即事物的内在客观规律；需要教师事先对教材内容反复研读，以尊重和符合学生的认知规律来精心设计教学过程，使学生能在逐步的探究进程中渐渐发现事物变化的客观规律，品尝到科学探究的快乐和成就感。本课就是这样一个典型的案例：三种液体都是学生的生活中最常见的，材料本身没有任何吸引力，但学生对竞赛游戏很有兴趣，所以创设一个竞赛情境非常契合这一课的学习。

当然，仅仅有竞赛游戏是不够的，科学探究也不仅仅是动手实验。从某种意义上来说，实验前的方案设计和实验后的结论分析比实验本身更重要。所以，先创设一个竞赛情境，以竞赛游戏为激趣动力，让学生开动脑筋去设计、修正实验方案。本课以学生熟悉的校运动会的起跑相片为串联线索，既强化了情境氛围，又拉近了本课与学生的情感距离，更恰当地引导了学生的探究方向。另外，竞赛情境学习中出现的认知冲突，是学生学习力提升的节点。无论是在展示汇报环节，还是学生自身发现或是教师点出物体"轻重"对流速快慢影响的环节，学生在竞赛情境中都会产生强大的求知欲来一探究竟。这种积极正面的情绪不仅使课堂的学习气氛高涨，也是课后学生继续拓展活动的保证。

《磁铁有磁性》教学设计

深圳市福田区下沙小学　赵　峻

【教学内容】

教育科学出版社版小学科学三年级下册第四单元《磁铁》第2课《磁铁有磁性》。

本课内容分两个部分：第一部分了解磁铁能吸什么物体；第二部分引导学生发现磁铁能隔着物体吸铁。同时，教材分两个层次：第一层次组织学生发现磁铁能吸铁；第二层次引导学生借助磁铁来检验铁制品。本课是该单元的第一节实验课。在当代的社会教育大背景下，大部分三年级的学生对磁铁都十分了解，对磁性有一定的前概念。如何让学生在正确巩固已有的磁铁知识的情况下，生动有趣地完成本课教学内容，形成完整的科学概念成为教师要攻克的难关。对此，笔者依托故事为背景的情境作为教学的线索，既符合了学生的身心发展规律，又能提高学生的主观能动性。

【教学目标】

1. 科学知识

了解磁铁有磁性，能吸铁，还能隔着物体吸铁。

2. 科学探究

初步培养学生对观察到的现象进行探究和概括的能力。

3. 科学态度

通过实验培养学生对磁铁进行探索活动的兴趣。

4. 科学、技术、社会与环境

认识磁性，并知道磁性在生活中的应用。

【教学重点】

通过实验，认识到磁铁具有吸引铁的性质。

【教学难点】

如何让学生自己概括出磁性的概念。

【教学准备】

学生：每八名学生为一个组，每组内再分为两小组，每小组四人。

材料：磁铁每组一块、硬卡纸片、塑料片、金属片、木片、玻璃球、布条、彩色棉线、钥匙、一元硬币、一角硬币、回形针、橡皮、小桶。

【情境创设】

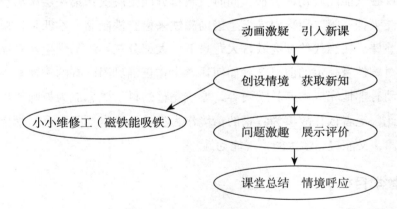

【教学过程】

（一）动画激疑，引入新课

教师播放动画《机器人总动员》，营造情境，引入新课。教师首先介绍动画里机器人瓦力的背景资料，引起学生的兴趣，再让学生观看关于瓦力的视频——"磁铁喜欢粘在瓦力的身上"。

观看完视频后，教师提出瓦力困惑的问题：动画中那个东西那么喜欢瓦力，总舍不得离开他，到底是什么东西呢？

学生可能会回答是磁铁。

由此，教师引出课题：磁铁到底是不是像你们说的那样？今天，我们就来研究关于磁铁的一些性质，帮助瓦力解开困惑。

（二）创设情境，获取新知

探究活动：小小维修工

（1）设计故事，构建情境。

教师继续营造故事情境："瓦力在一次执行任务的过程中受了伤，需要材料修复破损的身体。同学们来扮演小小的维修工。每个小组长将带领你们的维修小团队，一起穿过时光隧道去帮助瓦力。

2700年，瓦力身上的材料已经不生产了，只能从以前的废旧物品中找到合适的材料，修复瓦力破损的身体。"

教师布置任务内容之后，请学生闭上眼睛，发下实验材料和实验记录表。这样做既能集中学生的注意力，又能有序地分配实验材料。

（2）情境延伸，实验探究。

教师继续营造情境："今天，邻居汤姆太太刚好扔出了一桶垃圾（实验材料）。请维修小组的同学从中找找看，并预测一下这些东西都是由什么材料制成的，里面有没有适合修复瓦力的材料呢？如何找出适合的材料？讨论并记录下来。"

学生讨论、猜想、记录。

学生汇报如何找出适合的材料。

教师请学生通过实验验证猜想，并找出适合的材料。

教师发下磁铁。维修小团队用磁铁进行实验探究并填写记录表，教师巡视、指导。

（3）汇报总结，分享交流。

小组汇报小结。学生各自说说什么样的材料能修复瓦力。

（三）问题激趣，展示评价

教师请学生比较实验结果和预测结果是否完全一致。（一般情况下，铜、铝预测错误的情况居多）

教师询问预测偏差的原因，并由此引导学生认识：仅凭感觉来判断是不准确的，必须通过科学的实验方法才能判断准确。

教师提出问题，请学生讨论、总结。教师点评：你认为你们维修小组判断偏差的原因是什么？哪些材料能用来修复瓦力？它们有什么共同点？通过这个实验，大家知道磁铁为什么这么喜欢瓦力了吗？

（四）课堂总结，情境呼应

教师请学生尝试用一句完整的话来概括一下磁铁的这个性质。

教师向学生提示：今天，我们只用了16种材料来进行实验探究。科学家则用了无数材料做实验后，发现磁铁的确能够吸住铁的物质。我们把磁铁的这个特点叫作磁性。

呼应情境，教师小结：通过维修小组的共同努力，瓦力又可以恢复工作了。感谢维修小组的同学们。希望你们能用"磁铁有磁性"的相关知识去解决身边更多的问题。

【板书设计】

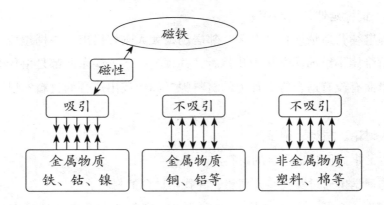

【学生记录单】

一、小小维修工

先预测桶里的材料能否用来修复瓦力。能的打"√"，不能的打"×"。

_____维修小组实验记录表

维修组成员：_____

材料	预测	实验
硬卡纸片		

材料	预测	实验
塑料片		
金属片		
木片		
玻璃球		
布条		
彩色棉线		
钥匙		
一元硬币		
一角硬币		
回形针		
橡皮		
小桶		

二、维修小团队讨论

（1）你认为维修预测和实验出现不一致的原因是什么？

_____

_____

（2）哪些材料能用来修复瓦力？它们有什么共同点？

_____

_____

（3）通过这个实验，你知道磁铁为什么这么喜欢瓦力了吗？

_____

_____

_____

【设计意图】

本课的设计思路是以学生为主体。三年级的学生对于形象思维的应激比较强烈。因此，本课利用情境教学法，设置一个卡通人物的故事作为背景，让学生以一个"小小维修工"的角色去帮助卡通人物解决问题。在整个教学情境设计中，笔者运用了所撰写的情境教学论文中提到的"从一而终"的理论：①有一个激发学生学习兴趣的卡通主题；②围绕这个卡通主题设置故事，让学生跟着故事"玩"；③设计能引发学生深思的问题（详见实验记录表）；④按规则进行教学，领材料、听故事、做实验等都有规则可循；⑤情境贯穿课堂始终；⑥评选最佳小组，并使用相同卡通式的结尾呼应情境。

《声音是怎样产生的》教学设计

深圳市福田区景秀小学　王仁秋

【教学内容】

教育科学出版社版小学科学四年级上册第三单元《声音》第2课《声音是怎样产生的》。

本课第一个活动是使物体发出声音，第二个活动是探究发声物体都振动吗？四年级的学生在日常生活中对声音都已经有了许多直观的感受，获得了许多关于声音的知识和经验。学生虽然对声音现象很熟悉，但是并不一定真正了解声音中所包含的科学知识，也不会有意识、有目的地去探究生活中声音的更多奥秘。本课在学生已有的有关声音知识经验的基础上引导学生进行猜想，然后组织学生通过多个物体的实验，观察、比较、描述物体发声和不发声时的不同现象，并进行假设性解释，最后学生通过用音叉做实验，进一步探究声音是怎样产生的。学生在多次实验与思考中，建构了"声音是由物体的振动产生的"这一科学概念，实验观察能力、分析概括能力、创新能力均得到培养。

【教学目标】

1. 科学概念

声音是由物体的振动产生的。

2. 过程与方法

（1）能观察、比较、描述物体发声和不发声时的不同现象。

（2）能从多个物体发声的观察事实中对原因进行假设性解释。

（3）了解可以借助其他物体来观察不容易观察到的现象。

3. 情感、态度、价值观

（1）在探究的过程中，积极大胆地阐述自己的发现。

（2）乐于与他人合作，养成细致观察的习惯和态度。

【教学重点】

认识声音是由物体的振动产生的。

【教学难点】

引导学生从实验中分析得出声音是由物体的振动产生的。

【教学准备】

小鼓、钢尺、橡皮筋、音叉、装有水的水槽。

【情境创设】

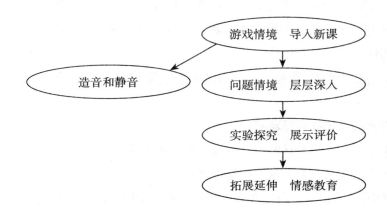

游戏情境　导入新课

造音和静音

问题情境　层层深入

实验探究　展示评价

拓展延伸　情感教育

【教学过程】

（一）游戏情境，导入新课

1. 猜声音游戏

用课件播放一些声音资料，让学生猜测是什么声音。（听单一的声音，如动物的叫声、车的声音等；听多种声音，如一段聚会的声音等）

2. 造音和静音游戏

（1）开火车——一排的同学用身边的小鼓制造声音。

（2）"合奏"：全班的学生一起制造声音。

（3）静音：学生看到教师的停止手势，全班停止制造声音。

教师通过两个简单的游戏，激发学生的学习兴趣，并请学生说说感兴趣的声音问题，导入新课。

（二）猜测

根据我们的生活经验，猜测一下声音是怎样产生的。

学生汇报。

（三）问题情境，实验探究

探究声音是怎样产生和停止的。

1. 你们能让物体发出声音吗？

（1）每个小组的桌上都有两种物体：钢尺、橡皮筋。你们能让它们发出声音吗？

（2）学生分组活动，并观察它们发声时和不发声时都有什么现象。

（3）交流展示：你们是怎样让物体发出声音的？观察到什么现象？物体不发声时又有什么现象？物体发声时和不发声时到底有什么区别？发声时物体有什么共同特点？

小结：在力的作用下，一个物体不断重复地做往复运动，这种运动称为振动。

2. 发声的物体都在振动吗？

（1）边说话边摸自己的颈部喉头，体验我们的发声器官。

（2）用音叉来体验，发声的物体都在振动吗？

① 教师出示音叉，击打音叉，提问：音叉发出了声音，它现在是不是在振

教学设计

动呢？想一想，我们可以用什么方法检验音叉是不是在振动？

② 分组实验：用击打过的音叉轻轻触及水面，观察水面有什么变化？水面的变化是怎样产生的？与小组同学交流自己的观察发现。

③ 交流：音叉发声时在振动吗？你们是怎么知道的？

小结：声音是由物体振动产生的。

3. 怎样让物体停止发声？

（1）物体停止振动，它们还能发出声音吗？

（2）教师弹钢尺（用一只手压住钢尺的边缘，另一只手将钢尺用力一弹），边弹尺子边讲解：你们听到了什么？你们看到了什么？考考同学们，怎样使钢尺发出的声音迅速地停下来呢？请你们跟同桌讨论一下实验方案，并用手中的钢尺试一试。

（3）学生讨论。

（4）学生上台演示。

（5）提问：你怎样使钢尺发出的声音迅速地停下来？这说明了什么？

小结：物体只要产生振动，就能发出声音；振动停止了，声音也就停止了。

4. 总结

声音是由物体的振动而产生的；振动停止，发声停止。

（四）拓展延伸，情感教育

课件播放自然界中的多种声音。自然界中有各种各样的声音，但它们产生的本质只有一个：振动。我们不但要知道振动产生声音，还要学会在不同的场合控制自己的声音，避免产生噪声等。

【板书设计】

声音是怎样产生的

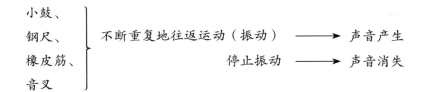

【学生记录单】

《声音是怎样产生的》实验记录表

我们的猜测	声音是由物体振动产生的		
我们的验证过程	发声的物体	物体发声时的现象	物体不发声时的现象
	小鼓		
	橡皮筋		
	钢尺		
	音叉		
我们的结论	声音是由物体振动产生的		

其他发现：_____

_____

_____。

【设计意图】

我们的周围充满了各种各样的声音。这一节课的研究主题就是声音是怎样产生的。

在教学导入环节，笔者用课件播放一些声音资料，让学生猜测是什么声音；运用游戏情境制造声音，在游戏中把学生带到了声音的世界；紧接着抛出"猜测声音是怎样产生的"这个问题，开发了学生的发散性思维，做出大胆的猜测。"学起于思，思源于疑"。学生有了疑问，才会进一步去思考问题，继续把问题细化，沿着层层深入的问题情境，开展实验探究——探究声音是怎样产生和停止的。本课旨在培养学生勇于探索，愿意合作的学习态度，让学生由"机械接受"向"主动探究"发展，有利于发展学生的创造性；鼓励学生体验、亲历科学，不是简单记下发现结果，而是重在发现过程；让学生通过简约的教学流程、真实的探究过程，提高科学素养。

《电路出故障了》教学设计

深圳市福田区园岭小学　赵泽君

【教学内容】

教育科学出版社小学科学四年级下册第一单元《电》第4课《电路出故障了》。

这一课是学生在认识静电、电流和电路的基础上,进一步理解完整的电路是电灯亮的必要条件。它强调的是解决问题的技能,引导学生解释看似连接正确的灯泡却不亮这个现象。本课内容分两个部分:第一部分指出什么地方会出故障,首先引导学生讨论典型的串联电路,出示电路图,分析电流从电池的一端流出,通过灯泡回到电池的另一端,形成的一个完整环路,再展示有坏灯泡或坏电池的一个电路,让学生讨论小灯泡为什么不亮;第二部分是做个电路检测器,指导学生想办法对电路进行检测,并根据整理出来的对电路故障的各种猜测、分析,想办法知道到底是哪一部分出现了问题,并尝试进行解决。学生在学习体验中掌握运用电路检测器检测电路的科学方法,观察、分析、判断的逻辑思维能力得到提高。

【教学目标】

1. 科学概念

(1)点亮小灯泡需要一个完整的电路。

(2)电路出故障了,电流就会中断。

2. 过程与方法

(1)制作一个电路检测器。

(2)会运用电路检测器检测并排除电路中的故障。

3. 情感、态度、价值观

培养学生注重事实、尊重他人意见、敢于提出不同见解、乐于合作与交流的精神,指导学生用电路检测器检测电路,进一步激发探究电的欲望。

【教学重点】

学会制作和使用电路检测器。

【教学难点】

学会运用电路检测器检测并排除电路中的故障。

【教学准备】

1. 学生

（1）每组一套连接好的待检查故障电路（电池一个、电池盒一个、灯座一个、电灯泡一个、不同颜色的电线两条）。

（2）每组一套做电路检测器的元件（电池一个、电池盒一个、灯座一个、小灯泡一个、电线三条）。

（3）好的备用电池、电线、小灯泡若干（以备找出原因后替换）。

（4）记录表。全班分为八组，每六名学生为一组。

2. 教师

万用表，在每组的待检查故障电路中设置一个故障元件：第1、2组的故障元件相同；第3、4组的故障元件相同；第5、6组的故障元件相同；第7、8组的故障元件相同。在教室讲台一边准备好移动性磁性黑板、电路各元件图片和磁贴，准备好教学课件和相关视频。

【情境创设】

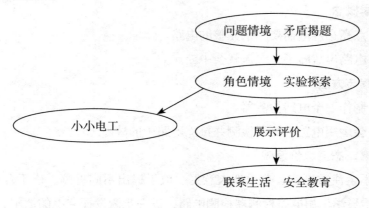

【教学过程】

（一）创设问题情境，矛盾揭题

教师开门见山，以"点亮小灯泡"为情境，让学生运用前面所学知识，连接好电路，点亮小灯泡，并配合动画分析电流在电路中是怎么流动的。

让学生点亮第二个小灯泡，连接电路后，发现灯泡无法点亮；揭题：电路出故障了。

（二）角色情境深入，实验探索

教师引导学生进入"小小电工"情境："同学们，生活中我们经常会像这一刻一样，遇见电路出现故障。这时候，就需要电工师傅进行检查，找出电路故障的原因。老师在准备电路给大家实验时，发现仪器室中的好坏电路元件杂放在一起了，造成连接好的八个电路都没法工作。所以，今天希望大家帮帮忙，当个'小小电工'，帮忙找出每个电路哪里出故障了，把出现故障的元件找出来，老师好分类整理好器材。"

1. 交流与讨论

讨论一：猜测故障原因。

"现在，你是一名小电工了。拿到故障电路时，你会猜测到有哪些情况会导致电路故障，第一步做什么最合适？"

学生讨论、交流。

讨论二：如何制作电路检测器。

"同学们真了不起，一下子就找出了这么多可能存在的故障。生活中，电工师傅为了避免烦琐无效的工作，首先也是检查是否电路没有连接好，因为接触不良是导致电路故障最常见的电路故障，先排除连接故障，再去寻找元件故障，才不会白白浪费工夫。大家知道电工师傅用什么工具检查元件故障吗？"

学生汇报。

教师拿出万用表进行介绍："电工师傅就是用万用表来检测的，这种工具我们称为电路检测器。今天，咱们将做一个类似万用表的简易电路检测器，利用它就可以查出电路的故障了。因此，请各位小电工师傅认真观看制作电路检测器的视频，接下来第一个任务是制作电路检测器。"

讨论三：如何用电路检测器检测故障电路。

视频指导如何运用电路检测器检测电路故障。

挑战：检验电池是否出故障时不能按以上方法进行，你能自己设计一种方法检验电池是否有电吗？

学生讨论、交流。

2. 实验与探究

教师介绍实验材料，强调实验要求，分配好实验任务后发下实验材料和实验记录表。

学生实验过程中，教师巡视指导。

3. 展示与评价

各组交流经验，学生寻找在思想或实践方面的亮点。

各小组将寻找出的故障元件的图片贴在移动黑板上进行全班展示。

教师请小组自愿汇报：小组的电路中有几处故障，是什么地方出的故障。并追问：你们是怎样检测出来的？竞争小组的结果是不是这样子的？有什么补充的吗？

学生交流。

教师再次询问：大家是怎么检验电池的？

学生交流。（"替换"思想）

最后，师生评价，评出最有创意小组、最佳合作小组和最优秀电工小组。

（三）密切联系生活，强调安全

教师总结评价："同学们真不简单，电工师傅也是这样一步一步地检查电路故障的，你们今天都是合格的小小电工。"

安全提醒：课堂制作的电路检测器，只能在实验室检测一些简单的电路，千万不能用来检测220V的电路！

课外扩展：请学生在课外去了解有关电路故障的其他检查方法。

【板书设计】

当个小小电工

检查故障电路的步骤：

1.检查电路各连接是否接触不良

2.依次检查各元件——电路检测器检测

【学生记录单】

《电路出故障了》课堂记录表

时间：_____年_____月_____日 记录员：_____

猜测小灯泡不亮的原因：						
我们制作的电路检测器（画图）：						
被检测的物体	第一次检验		第二次检验		检验结果	
	亮	不亮	亮	不亮	有故障	没故障
导线1						
导线2						
灯泡和灯座						
灯泡						
灯座						
电池						
电池盒						
其他发现						
检验电池的方法（文字或画图）						
我们发现：电路中有_____处故障，是_____出故障了，使电流中断，灯泡不亮						

【设计意图】

本教学设计树立"体验、感悟、创新、成长"的教学观念，以"当个小小电工"为具体情境，激发学生解决实际问题的意识，旨在让学生当遇到"灯泡不亮"这一问题时，能依照"猜测电路哪些地方出故障—制作一个电路检测器—检测电路找出具体故障"这样一个渐进的过程，让学生经历思维分析、动手实践、有序解决问题的探究过程。

这节课因学生的材料比较多，学生容易将好的电路元件和出现故障的电路元件混淆。因此，教师在选择材料时，要选择型号和颜色区分两套电路，并且用三个托盘分别标志"电路检测器的元件""存在故障的电路""备用的元件"。每个组的电路只设置一个故障，每两个组的电路故障一样，形成竞争小组。比如，第1、2组的电路故障在于连接接触不良；第3、4组的电路故障在于灯泡灯丝断开；第5、6组的电路故障在于红色导线断开，第7、8组的电路故障在于电池没电。这样的设计，可以看哪个小组能既快又准确地找出故障并解决故障问题，形成竞争组，活跃课堂气氛，同时也方便教师迅速清楚小组是否真正找到电路故障。

《怎样得到更多的光和热》教学设计

深圳市福田区下沙小学　赵　峻

【教学内容】

教育科学出版社版小学科学五年级上册第二单元《光》第6课《怎样得到更多的光和热》。

五年级学生随着抽象思维水平的增长，单纯的形象图形、视频及故事并不能激发他们的学习动机，贴近实际生活的情境更能引起他们的兴趣。所以，本课在设计情境时便设置了一个以"做导游"为主题的任务式情境嵌入，使学生的身心在学习中能得到最大的满足，从而进一步助力学生科学概念的建构。

【教学目标】

1. 科学知识

了解物体颜色与吸热的关系，阳光照射的角度与物体吸热的关系。

2. 科学探究

探究不同颜色同种物体吸热本领的实验；探究相同颜色同种物体在阳光直射和斜射吸热本领的实验。

3. 科学态度

通过实验培养学生实事求是地观察记录数据，通过数据认识自然事物的变化之间是有联系的。

4. 科学、技术、社会与环境

认识科技的发展能促使人们更好地利用自然资源和自然规律的观点。

【教学重点】

对比实验：物体的颜色与吸热的关系；阳光的照射角度与物体吸热的关系。

【教学难点】

学会分析实验数据表，并运用数据解释生活规律。

【教学准备】

学生：每八名学生为一组，每组内再分为两小组，每小组四人。

材料：黑色衣服（棉质）、白色衣服（棉质）、蓝色衣服（棉质）、粉色衣服（棉质）、黑色衣服（雨衣布料）、银色衣服（雨衣布料）、手持式红外电子测温计。

【情境创设】

联系生活　情境引入

创设情境　引导探究

我是小导游

问题激趣　展示评价

课堂总结　情境呼应

【教学过程】

（一）联系生活，情境引入

教师创设情境，活跃气氛，带领学生进入情境：有一个国外来游学的团队，和大家都是同龄人。他们暑假就要来深圳，届时请同学们做他们的小导游，带他们游历深圳。

请学生一同观看深圳的资料简介，然后大致介绍一下深圳的情况。

学生汇报。

（二）创设情境，引导探究

探究活动：我是小导游

1. 提出问题，制订计划

图片展示出深圳的气候特点，请学生重点说说：对于暑假期间来深圳游玩的外国小朋友，你会给他们制订什么样的出行计划。根据给出的资料，完成出行计划表（见附表）。

2. 实地考察，小组探究

教师提出：如果想知道出行计划是否成功，小导游们自己组成一个小团体，实地考察一下出行计划是否可行，并通过模拟实验探究并验证计划是否可行。

实验要求：以小组为单位在学校的操场上平铺放置准备好的小衣服，用手持红外电子测温计记录在太阳下10分钟内每种衣服温度的变化，并记录出行须知表（见附表）。

3. 分析数据，分享交流

小组分析数据后进行汇报。小导游们分享实地考察的收获并总结物体颜色与吸热的关系。

（三）提出问题深入探究

实验结束后，教师询问：总结出来的结果是否与出行计划中的猜测一致，为什么？

学生讨论、总结，教师点评，并评选出"最佳小导游"。

（四）课堂总结，拓展新知

教师请同学用一句话概括出物体颜色与吸热的关系。

教师进一步延伸：科学的探究离不开实验数据的支持，要学会分析和利用数据。课堂上，我们只用了几种材料来测试物体吸热与颜色的关系。而科学家则进行了无数次测试，并通过数据告诉我们它们之间的联系。

教师提出课后思考问题，请学生在课后进行拓展探究：

（1）宇航员的衣服什么颜色？为什么宇航员的衣服不适合平常穿着？

（2）不同颜色同种条件的吸热关系大家都清楚了，同样颜色不同的照射角度是否也会影响吸热？请回家继续探究。

（3）知道了颜色与吸热的关系，找找看生活中还有哪些地方用到了这样的科学原理？

【板书设计】

怎样得到更多的光和热

吸热情况分析：

| 深色 | > | 浅色 | | 粗糙 | > | 光滑 | | 不反光 | > | 反光 |

【学生记录单】

出行计划表

姓名：_____

1. 根据深圳的简介，写出这个城市暑假时的气候特点。

_____

_____

_____

_____

2. 如果暑假出行，我觉得要穿什么衣服。（在下表中打"√"并说出你的理由）

黑色（棉）	白色（棉）	粉色（棉）	蓝色（棉）	黑色（雨衣布）	银色（雨衣布）

我选择的理由是：_____

_____

_____。

3. 小导游们一起开个会，为什么会选择此种颜色的衣服出行？

_____

_____

_____

_____

【小组记录单】

出行须知表

_____旅行团

1. 通过小导游们的讨论，我们一致认为穿_____颜色的衣服暑假出行深圳最合适。

2. 实际观察不同的颜色衣服在太阳下10分钟内升温的情况。

衣服分类	初始温度	2分钟	4分钟	6分钟	8分钟	10分钟
黑色（棉）						
白色（棉）						
粉色（棉）						
蓝色（棉）						
黑色（雨衣布）						
银色（雨衣布）						

根据实际考察过后，与小组讨论结果有什么不同：_____

_____。

考察后，对不同颜色的衣服有什么看法：_____

_____。

3. 小导游们给出深圳旅行须知：

_____

_____

【设计意图】

本课以学生的生活经验"旅游"为背景，创设了小导游这一角色，让学生在角色代入情境中进行探究学习。在整个教学情境设计中，运用了笔者所撰写的情境教学论文中提到的"从一而终"的理论：有一个激发学生兴趣的主题——旅游；围绕旅游这个主题，让学生一起"旅游"（探究）；设计引发学生深思的问题；按规则进行教学，情境的导入、猜测、实验、分享、评价等环节都有规则可寻；情境贯穿课堂的每个环节；畅谈收获，联系生活学会分析数据、掌握规律；总结归纳，提出问题课后探究，让探究延续到生活。

《运动与摩擦力》教学设计

深圳市福田区梅林小学　张丽萍

【教学内容】

教育科学出版社版小学科学五年级上册第四单元《运动和力》第5课《运动与摩擦力》。

《运动和力》这一单元是在研究机械运动的过程中，让学生认识各种不同的力对物体的作用。而第5课《运动与摩擦力》是在学生认识重力、弹力、反冲力的基础上，继续认识摩擦力。本课内容分两个部分：第一部分引导学生认识摩擦现象，感知摩擦力的存在，学习测量摩擦力的方法；第二部分讨论、设计摩擦力的大小与接触面光滑程度和物体自身重量关系的实验方案，完成两组对比实验。同时，教材分两个层次：第一层次实验方案设计；第二层次完成两组对比实验。

【教学目标】

1. 科学概念

（1）一个物体在另一个物体表面运动时，接触面发生摩擦，会产生摩擦力。

（2）摩擦力的大小和物体接触面光滑程度有关：表面越光滑，摩擦力越小；表面越粗糙，摩擦力越大。

（3）摩擦力的大小和物体自身重量有关：物体重，运动时的摩擦力大；物体轻，运动时的摩擦力小。

2. 过程与方法

（1）体验摩擦力的存在，学会测量摩擦力的大小。

（2）推测、设计实验检验摩擦力的大小与物体接触面光滑程度和自身重量的关系。

（3）完成摩擦力大小的对比实验。

3. 情感、态度、价值观

形成认真实验、根据数据得出结论的科学精神。

【教学重点】

（1）设计实验检验摩擦力的大小与物体接触面光滑程度和自身重量关系的方案。

（2）完成摩擦力大小的对比实验。

【教学难点】

掌握摩擦力的大小对比实验时的测量方法。

【教学准备】

弹簧测力计、带线绳的木块、金属钩码、长毛毛巾、光滑桌面。

梅林地区坑洼路段地面、新轮胎和旧轮胎的图片。

【情境创设】

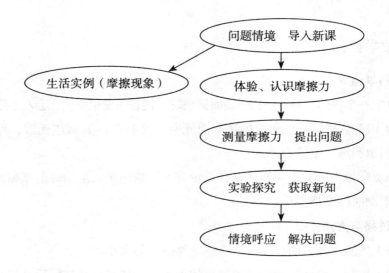

【教学过程】

（一）情境导入

（1）教师课件出示梅林地区修地铁路段路面损毁及磨损轮胎纹路图，并作声音旁白：这段时间，司机反映经过此路段时轮胎磨损特别严重，造成一定的安全隐患。看了这些图片，你觉得是什么原因导致汽车轮胎快速磨损老化呢？

（2）在学生交流后，教师肯定学生的回答：汽车轮胎磨损的确和汽车在路面上运动时产生的摩擦有关，引出课题《运动与摩擦力》并板书。继续提问：为什么在损毁的路面上汽车轮胎快速磨损呢？

（二）体验认识

（1）教师引导学生体验不同条件下的活动：一是静止不动放在桌面上；二是用力在桌面上拖动。并请学生说明感受有什么不同？再次请学生体验：手在空中滑动，能否感觉到桌面对手的阻碍？

（2）在学生交流、总结后，教师带领学生认识摩擦力，并给出摩擦力的概念，在学生理解摩擦力概念的基础上，请学生进一步举例说明摩擦力。

教师启发学生思考：想研究摩擦力的哪些问题？

（三）测量摩擦力

（1）教师根据学生回答提问：一个物体运动时摩擦力的大小怎么测量呢？

教师播放视频示范摩擦力的测量方法，强调沿水平方向、匀速拉动。

（2）小组体验测量摩擦力活动：分别测量笔袋、书本在桌面上和毛巾上运动的摩擦力。请学生说说有什么不同感受？摩擦力的大小可能与什么因素有关？根据学生回答，提出实验探究任务。

（四）实验探究

1. 探究摩擦力的大小和接触面光滑程度的关系

（1）学生分组讨论，集体交流确定实验方案。

强调实验方法和控制变量；确定不变的条件和改变的条件。

（2）学生实验，完成记录表单。

2. 探究摩擦力的大小和物体自身重量的关系

（1）学生分组讨论，集体交流确定实验方案。

强调实验方法和控制变量；确定不变的条件和改变的条件。

（2）小组实验，按照提供的实验材料和确定的实验方法进行，并完成记录表单。

3. 汇报交流

引导学生从实验数据中总结摩擦力大小和接触面光滑程度以及物体自身重量的关系，并板书总结。

（五）拓展应用

（1）呼应课堂起始的问题情境，请学生解释：经过梅林地区坑洼路段地面，轮胎快速老化的原因，并给出建议和解决办法。

（2）教师为下节课探究埋下伏笔：物体受到的摩擦力大小，除了和物体的接触面光滑程度和自身重量有关系外，还和什么有关呢？这个问题下节课将继续探讨。

【板书设计】

运动与摩擦力

$$
影响摩擦力的大小
\begin{cases}
物体自身重量
\begin{cases}
重 \to 摩擦力大 \\
轻 \to 摩擦力小
\end{cases} \\
接触面光滑程度
\begin{cases}
越光滑 \to 摩擦力小 \\
越粗糙 \to 摩擦力大
\end{cases}
\end{cases}
$$

【学生记录单】

运动与摩擦力实验记录表

时间：____年____月____日　班级：_____　小组：_____　成员姓名：_____

1. 摩擦力的大小与接触面光滑程度的关系

研究的问题		摩擦力的大小与（　　　）有关	
我的推测			
控制变量	不变的条件		
	改变的条件		

实验记录	实验次数	（　　　）摩擦力/N	
	1	（粗糙）条件	（光滑）条件
	2		
	3		
	平均值		
研究结论			

2.摩擦力的大小与物体自身重量的关系

研究的问题		摩擦力的大小与（　　　）有关	
我的推测			
控制变量	不变的条件		
	改变的条件		
实验记录	实验次数	（　　　）摩擦力/N	
	1	（物体重）条件	（物体轻）条件
	2		
	3		
	平均值		
研究结论			

【设计意图】

本节课通过学生熟悉的生活情境引入课题，使学生对学习内容有亲近感，易于激发学生的学习兴趣。深圳市福田区梅林地区路面因为建设地铁而损毁的现象，是每个学生切身的感受。根据梅林地区路面损毁造成汽车轮胎快速磨损的实例，促使学生思考，自然引入课题。学生通过多种活动亲身体验摩擦力的存在，进行合理猜测，并通过实验探究发现影响摩擦力大小的因素——接触面光滑程度和物体自身重量，最后呼应前面的问题情境：是什么原因造成了轮胎快速磨损？学生根据影响摩擦力的原因，提出解决办法，回归生活。教学设计完整再现了科学探究过程，驱动学生发现问题、分析问题，并应用探究成果解决现实问题，体现了科学学习的应用价值。

《造一艘小船》教学设计

深圳市福田区园岭小学　陈炜苣

【教学内容】

教育科学出版社版小学科学五年级下册第一单元《沉与浮》第4课《造一艘小船》。

通过本单元前面3课的学习，学生已经明白了船为什么能浮在水面上；也知道了船排开的水量越大，越容易浮在水面上，装载的货物也就越多。本课所设计的活动是通过文学故事《鲁滨孙漂流记》创设一个学生感兴趣的情境，引导学生制造一艘橡皮泥小船。研究相同重量下，怎样增加船排开的水量达到更大的装载量？同时，引导学生用其他的材料造船，设计出更多的船，激发学生的学习兴趣和创造力。

【教学目标】

1. 科学概念

（1）相同重量的橡皮泥，浸入水中的体积越大越容易浮，它的装载量也随之增大。

（2）科学与技术紧密相连，它们为人类的发展做出了巨大贡献。

2. 过程与方法

（1）探索用橡皮泥造船，不断改进船的形状，增大船浸入水中的体积。

（2）按照自己设计的方案制造小船，并不断改进。

3. 情感、态度、价值观

（1）体会不断改进设计对结果的影响。

（2）感受人类创造发明的历程，激发创造欲望。

【教学重点】

相同重量的橡皮泥，浸入水中的体积越大越容易浮，它的装载量也随之增大。

【教学难点】

探索用橡皮泥造船，不断改进船的形状，增大船浸入水中的体积。

【教学准备】

每组水槽一个、同重量方形橡皮泥若干块、刻度杯一只、同大小塑料方块若干、垫片若干、多媒体资料。

【情境创设】

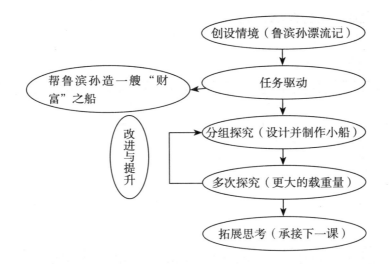

【教学过程】

（一）情境创设

PPT呈现《鲁滨孙漂流记》书本封面，教师利用旁白带领学生进入情境：鲁滨孙的故事相信大家都读过吧？今天要讲的是"鲁滨孙后记"。鲁滨孙是一个非常有毅力与能力的人，他靠自己的双手与智慧改造了当年因为遇难而漂流到的荒岛（图片展示圈养的牲畜、物资等财富）。随着时间的推移以及对航海技术的掌握，鲁滨孙的思乡之情越来越强烈了。因此，他想离开荒岛回到自己的故乡。

（二）任务驱动

教师用语言继续渲染情境：鲁滨孙在荒岛上孤独地度过了28年。他用半年的时间造了一条船，并且想带走在荒岛上创造的财富。但是，他面临着一个难题：如何用有限的木材造一艘能载最多财富的小船安全地回到故乡？今天，老师带来若干同等重量的橡皮泥分给大家，让我们运用小组成员的智慧，帮鲁滨孙模拟制作出一艘能载更多"财富"（垫片）的小船！

（三）分组探究

1. 活动一：设计鲁滨孙"财富"之船

（1）小组探讨：怎样才能帮鲁滨孙设计出一艘最大载重量的小船？

（2）完成小组造船设计图稿。

附：

方案商议纸

思考一：要让小船载最多的货物，你们小组认为小船的关键部位在哪里？为什么？
思考二：通过探讨，你们小组打算造怎样的一艘小船？将小船模型简单绘制在下面。

（3）学生探讨、设计。

（4）设计方案展示，教师与学生互动，启发大家达成共识：小船载重多少的关键在于船舱的大小，最大载重在于用有限的材料造最大容量的船舱。

2. 活动二：制造鲁滨孙"财富"之船

（1）依据设计方案，制造小船。

（2）放到水里试试，找出需要改进的地方。

（3）修改设计，完成改造图。

（4）依据新的改进方案，改造小船。

3. 活动三：成果分享、评价总结

（1）展示每组载重情况（能承受最多的垫片数）。

（2）启发学生寻找小船载重与形状之间的规律。

（3）引导总结。

学生活动小组中一般会存在个别小组还没开始放垫片，橡皮泥就下沉了的情况。此时，教师应抓住关键现象追问启发学生：没放垫片就下沉与改进后能够放上不少垫片的小船，在质量上有所改变吗？形状上呢？在形状上你做了怎样的改进？

总结：同种材料构成的物体，如果重量相同，体积小的物体容易沉。

（四）课外思考

教师再次渲染情境，首尾呼应，同时为下节课的教学内容做铺垫：鲁滨孙在同学们的启迪下制造出了能够装载最多财富的小船，并愉快地驾驶他的小船启程了。船上装载了他驯养的野山羊17只，自制陶器20件，海盗留下的金银财宝10箱以及其他货物。当小船行驶至某条运河入口时，鲁滨孙发现船比在海上行驶下沉得厉害，水都快渗到船舱里了，于是他不得不抛弃了船上的一箱财宝以保证小船不下沉；小船继续往运河内行驶，又有所下沉，于是他又不得不将2只野山羊送给路过的行船。聪明的小船建造家，你能帮鲁滨孙解开其中的奥秘吗？

【板书设计】

造一艘小船

1. 设计方案

2. 制造小船

3. 造船心得：浸入水中的体积越大，越容易浮起，装载量增大

【学生记录单】

《造一艘小船》课堂记录表

时间：_____年_____月_____日　记录员：_____

小船载重与小船排水体积的研究				
实验次数　　　　　小船情况	初始状态	第一次改进	第二次改进	第三次改进
小船形状（绘图）				
放入垫片数				
用刻度杯测得的排水体积				

【设计意图】

教材中的《沉与浮》单元是这样安排课时的：第1课让学生初步体验"沉与浮"；第2—3课、第4课、第7—8课探究影响物体"沉与浮"的有关因素；第5-6课解释物体沉浮原因；第4课（部分内容）是关于沉浮的应用与拓展，理论联系实际生活。依据探究活动目的相近与整体连贯性的原则，在实际教学中，我将教学课时顺序调整为第1课、第2—3课、第4课、第7—8课、第5—6课，以便于学生通过具体地探究实践，更系统化地理解与掌握本单元内容。

科学教育主要在于创设一种探究的情境，发展学生对科学的热爱和探究精神，激发他们的好奇心与问题意识。本设计中的活动素材原型来源于学生实际生活常见的交通工具——"船"，以"造船"来激发学生探究的兴趣，进而开展探究活动，初步感知"浮力"概念；以橡皮泥为造船材料为学生创设"造一艘最大载重的财富船只"情境，引导学生对"浮"的思考，进而深入探究"影响物体沉浮的因素"。

《电磁铁》教学设计

深圳市福田区荔园小学北校区　吴丽丽

【教学内容】

教育科学出版社版小学科学六年级上册第三单元《能量》第2课《电磁铁》。

学生在学习第一课《电和磁》后，知道了"电能生磁"的事实。而本课中的电磁铁是"电能生磁"的最直接的应用。本教学通过变小魔术创设了一个问题情境，激起学生浓厚的探究兴趣，指导学生认识电磁铁组成并制作铁钉电磁铁，研究电磁铁的磁性及磁极特点。

【教学目标】

1. 科学概念

（1）电磁铁具有接通电流产生磁性、断开电流磁性消失的基本性质。

（2）电磁铁有磁极，电磁铁的磁极与电池的正负极连接和线圈的绕线有关。

2. 过程与方法

（1）制作铁钉电磁铁。

（2）研究铁钉电磁铁磁极的有无与方向，并对此进行实验论证。

3. 情感、态度、价值观

养成认真、细致的探究习惯，培养合作、探究的品质。

【教学重点】

制作铁钉电磁铁，发现铁钉电磁铁具有磁极并且方向会改变的特点。

【教学难点】

认识铁钉电磁铁的磁极改变与哪些因素有关。

【教学准备】

分组实验材料：大铁钉、软硬度适中的导线、回形针、电池、电池盒、鳄鱼嘴导线、指南针、实验记录表。

课件及微课视频——电磁铁制作。

【情境创设】

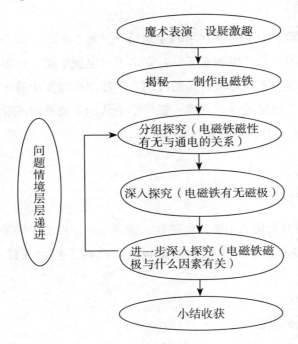

【教学过程】

（一）魔术表演，设疑激趣

教师实物投影平台呈现小铁钉，表演：一开始小铁钉无法吸引小铁圈，但是另外一个同样的小铁钉（教师暗中放入装置中，尽可能多地露出钉头，遮盖住其他部分），却吸引小铁圈，铁圈被反复吸起、落下。

学生思考：为什么会这样？魔术的秘密是什么？

（二）揭秘魔术，学习制作

教师揭秘：展示装置，介绍电磁铁。学生观看"电磁铁制作"微课视频，观看电磁铁是如何制作的。

学生分组制作电磁铁。

（三）问题递进——活动探究

1. 活动一：探究电磁铁磁性的秘密

问题情境：电磁铁有磁性，但是有没有磁极？你猜测的依据是什么？

学生活动：制作电磁铁，并发现电磁铁磁性的秘密，完成实验记录表上半部分。

学生汇报：电磁铁磁性的秘密——通电才会产生磁性。

2. 活动二：寻找铁钉电磁铁的磁极

问题情境：判断磁极用什么样的材料？怎样确定电磁铁的磁极？

问题论证：仅靠近一端的检验方法是否严谨？怎样做更严谨？

学生活动：寻找电磁铁的磁极，完成实验记录表下半部分。（请学生注意保留好证明材料装置）

学生汇报：电磁铁磁极位置汇总。

教师引导：能确信自己的研究结果吗？电磁铁的磁极会改变吗？

通过填写表格，学生清晰地看到：磁极位置是钉头或钉尖，但磁极方向不一样——部分钉尖为南极，部分钉头为南极，再次激起了学生的疑问与探究热情，也为下面的分工提供了依据。

3. 活动三：探究电磁铁磁极的秘密

活动要求：相邻的两个小组若结果相同，奇数组能不能帮偶数组改变磁极？相邻的小组若结果不同，能不能一起找到装置不同的地方？

学生活动：发现问题，验证猜想，合作互助。

学生汇报：磁极可以改变，线圈的绕法和电池的连接方式导致方向改变。

小结：请学生说说这节课的收获。

【板书设计】

电磁铁

1. 组成：铁芯和线圈

2. 磁性：通电才能产生磁性

3. 磁极：磁极可以改变（方向与电池的连接方式和线圈的绕法有关）

【学生记录单】

《电磁铁》实验记录表

记录时间：_____　　实验组别：_____　　记录人：_____

活动一：制作铁钉电磁铁，揭秘电磁铁磁性的秘密

（在你选择的答案上画出"√"）

我们使用的材料	我们的发现			我们的结论
	通电前	通电后	断电后	
导线　铁钉 电池盒　电池 鳄鱼嘴导线 还有_____	铁钉 吸　引（　） 不吸引（　） 回形针	铁钉 吸　引（　） 不吸引（　） 回形针	铁钉 吸　引（　） 不吸引（　） 回形针	电磁铁通电时， 有（　）无（　） 磁性； 电磁铁断电时， 有（　）无（　） 磁性

活动二：寻找铁钉电磁铁的磁极，探究磁极的秘密

（在你选择的答案上画出"√"，不是选择题的，请填空作答）

我们的实验过程	用指南针的北极靠近钉尖时，出现吸引（　）排斥（　），用指南针的南极靠近钉头时，出现吸引（　）排斥（　），所以我推测钉尖是南（　）北（　）极，钉头是南（　）北（　）极
我们的实验结论	电磁铁有（　）无（　）南北极
我们的其他发现	1.电磁铁的磁极固定（　）不固定（　）。 2.电磁铁的磁极与_____的连接方法有关。其他条件不变，改变_____的连接方法，电磁铁的磁极会发生改变。 3.电磁铁的磁极与_____的绕法有关。其他条件不变，改变_____的绕法，电磁铁的磁极也会改变

【设计意图】

学生是学习活动的主体，知识必须由学生自主建构，这已经是现代教育理论的共识。在这个理论基础上，李吉林在《情境教育三部曲》中提出：教师的教学设计要从儿童发展的角度去思考，通过情境教学，让儿童在探究的乐趣中使学习成为自我需要。

本节课从铁钉吸引小铁圈的魔术活动情境开始，强烈的好奇心会激起学生的探究愿望。在顺利制作电磁铁后，"电磁铁与普通磁铁的磁性有什么不同"问题情境形成，学生的自主探究会持续进行。在实验探究中，他们知道了电磁

铁的磁性需要通电才能产生。那么，电磁铁的磁极与普通磁铁的磁极有什么不同？在问题情境的再次驱动下，学生探究愿望强烈，更进一步探究磁极的方向。本课中的探究活动问题层次清晰，利于学生自主构建知识，形成较为系统的知识结构。

《电能和能量》教学设计

深圳市福田区梅林小学　张丽萍

【教学内容】

教育科学出版社版小学科学六年级上册第三单元《能量》第6课《电能和能量》。

六年级学生从生活和以往科学课的学习中，已经对"能量"有一定的感性认识。本课指导学生用能量和能量转化的观点充实原有知识，在认识"能量"一般概念的基础上，把各种具体能量形式联系起来，统一到抽象的"能量"大概念之下，为下一课学习《电能从哪里来》和理解能量转化和守恒定律奠定一定的基础。本课内容分两个部分：第一部分从家用电器的用途入手，建立电能和其他能量的概念；第二部分引导学生发现电能可以转化成其他形式的能量，其他形式能量之间也能相互转化。

【教学目标】

1. 科学概念

（1）能量有电、热、声、光等多种形式，能量还储存在食物、燃料中。

（2）电能可以转化成其他形式的能量，其他形式能量之间也能相互转化。

2. 过程与方法

（1）通过观察、体验活动和阅读资料，研讨认识能量和能量转化。

（2）会分析常见能量转化的实例。

3. 情感、态度、价值观

产生研究能量的兴趣，培养节约能源的意识。

【教学重点】

认识电能和其他形式能量，进一步认识多种能量之间的互相转化。

【教学难点】

应用能量转化的观点分析生活中的能量变化实例。

【教学准备】

1. 学生

包含能量转化的实物或玩具。

2. 教师

有关能量转化的图片、录像短片、手摇发电机、电吹风、电热水壶、声控灯、风车模型、水车模型、玩具琴等。

【情境创设】

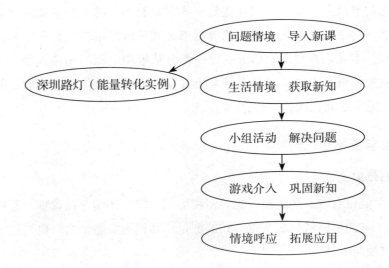

【教学过程】

（一）情境导入

教师课件出示深圳滨海大道以及路两旁的路灯图片，请学生辨认地点和说明路灯结构的特点，并埋下伏笔：为什么路灯设计成这样？

请学生解决天气凉如何加热水的问题。在学生交流后，从学生的答案中可能提炼出"电热水壶加热水"，带领学生分析电热水壶烧水的过程，认识电能，引出课题，同时板书。

（二）认识电能和其他能量

（1）教师引导学生初步认识电能，并请每位学生结合自己的生活体验，独立思考下面问题：周围还有哪些形式的能量？它们的用途是什么？

（2）集体交流总结，学生体验声控灯、风车模型、水车模型，观看激光切割、爆竹爆炸视频，教师及时板书。

（三）认识能量的转化

（1）教师通过问题：电热水壶加热水，电能变成了什么形式的能量？引导学生思考具体用电器时电能的转化。

开展小组活动任务一：要求学生思考、讨论如下问题——在你周围有哪些电器？它们的用途是什么？使用时把电能变成了什么能量？这些电器的共同点是什么？完成记录表一。

学生分组讨论，小组汇报交流总结。

（2）在认识电能和其他形式能量转化的基础上，动员学生体验双手互相摩擦活动，并谈谈自己的感觉，同时询问：其他形式的能量能否互相转化？

开展小组活动任务二：收集、讨论日常生活中曾经遇到过能量转化的例子，它们分别是怎样转化能量的？完成记录表二。

学生分组讨论后小组交流汇报，安排不同组学生体验玩具琴、手摇发电机，分析能量是如何转化的。

（四）拓展应用

（1）教师组织小组玩卡片游戏，请学生说明每张卡片中事物具有或蕴藏的能量，并排列出合理的顺序，说明能量转化形式。小组展示说明，集体评价。

卡片以彩色图片形式分组展示下列事物：电视、耳朵、眼睛；电吹风、耳朵、头发；爆竹、眼睛、耳朵；食物、跑步。

（2）呼应前面情境导入的问题：分析深圳街头风能、太阳能互补路灯的能量转化过程。同时，给出辅助分析资料：我国发电以火电为主，发电量的80%以上是烧煤得到的电，而燃料中只有40%的能量转化为电能。引发学生更深层的思考：风能、太阳能互补路灯和以前直接使用电能相比较有什么好处？

学生独立思考，交流看法。

（五）总结

教师鼓励学生交流自己的收获，并进行环境教育。我们周围每时每刻都发生着能量的转化。人类利用科学技术不断地创造各种能量转换器，努力提高能量转化的效率，减少能量转化过程对环境的不利影响，让我们生活得更舒适，环境更美好。

（六）课外延伸

最后通过"日常生活中哪些能量转化的实例会给我们带来不利影响？"引发学生课后进行深入的思考和拓展。

【板书设计】

电能和能量

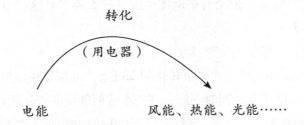

转化

（用电器）

电能　　　　　风能、热能、光能……

【学生记录单】

电能和能量的转化

时间：____年____月____日　六（　　）班（　　）组　小组成员：_____

一、小组讨论并完成表格

1.在小组里说一说，你周围有哪些电器？它们有什么用途？在使用时，它们把电能分别转化成了什么能量？

2.这些电器的共同点是什么？

家用电器调查记录表

名称	可以做的工作	输入的能量形式	输出的能量形式

二、找一找：能量的相互转化（电能除外）

日常生活中，你还遇到过哪些其他形式的能量转化的例子？说明能量的转化形式。

能量转化实例记录表

实例（方法）	现象	能量的转化形式
		$\longrightarrow$
		$\longrightarrow$
		$\longrightarrow$
		$\longrightarrow$
		$\longrightarrow$

【设计意图】

本课教学设计在导入课题和巩固应用环节创设情境。教师将上班途中见到的深圳路灯作为情境导入，这样的设计贴近生活从而激发学生的兴趣；同时用节能路灯的结构问题埋下伏笔，给学生制造悬念；通过现实的需求——需要给凉水加热，引导学生逐步认识电能和其他形式能量及转化；通过卡片游戏调动学生参与活动的积极性，促使他们主动应用所学，从常见事物中分析能量转化过程。其间，学生通过亲身体验各种小型能量转化装置，直观地感受能量间的转化。在拓展应用环节呼应情境导入的问题——风能、太阳能互补路灯的结构分析，让学生认识到城市合理利用能量的做法。也希望以此为契机，启发学生课后能够关注身边节能的举措和应用所学去分析能量的转化过程。

《米饭、淀粉和碘酒的变化》教学设计

深圳市福田区天健小学　黄伟欣

【教学内容】

教育科学出版社版小学科学六年级下册第二单元《物质的变化》第3课《米饭、淀粉和碘酒的变化》。

本课内容主要由四个科学活动组成：第一认识米饭在口腔内会出现甜味是化学变化；第二认识米饭、馒头等淀粉类食物遇碘酒会变色是化学变化；第三利用淀粉遇碘酒会变色的特殊化学反应寻找食物中的淀粉；第四利用淀粉遇碘酒会变色的特殊化学反应做神秘信件游戏。本节课是以淀粉遇碘酒会变色的特殊化学反应为基础展开的"学科学，用科学"的学习过程。

【教学目标】

1. 科学知识

（1）米饭在口腔里与唾液作用会发生化学变化。

（2）淀粉遇碘酒会变色，发生化学反应，并利用这个特征可以检测食物中是否含有淀粉。

2. 科学探究

（1）用体验、分析推理、实验验证的方法获得结论。

（2）通过实验检验一些食物中是否含有淀粉。

3. 科学态度

培养探索新事物的兴趣。

4. 科学、技术、社会与环境

理解科学知识是可以被用于生产生活中的。

【教学重点】

认识淀粉遇碘酒会变色，发生化学反应是化学变化，并利用这个特征可以检测食物中是否含有淀粉。

【教学难点】

认识米饭遇唾液变甜、米饭遇碘酒变色是化学变化。

【教学准备】

实验一材料：酸梅、米饭、馒头。

实验二材料：记录单、米饭、馒头、淀粉、碘酒、一次性杯子、滴管。

实验三材料：白萝卜、红萝卜、西红柿、橙子、苹果、洋葱、白糖、土豆、玉米、红薯、滴管、碘酒、一次性杯子、记录单。

实验四材料：毛笔、毛边纸、胶水、喷壶、写好字的毛边纸。

【情境创设】

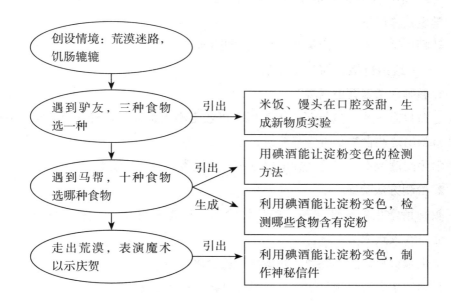

【教学过程】

（一）联系生活，创设情境

教师用语言营造情境："同学们，第四节课了，你们饿了没有？今天学习的内容非常重要，可能在关键时候能救命。假如你们在荒漠迷路，两天了，只有水，没有任何进食，非常饿。这时，突然出现驴友，他有三种食物，但只能让你们选其中一种，吃完你还有很远、很远的路要走，要消耗很多热量。在这关键时候，你们会选择哪种食物？为什么？"

（1）联系生活独立思考30秒，然后讨论30秒。

（2）学生讨论、师生讨论。

（二）探究实验一

请几位学生亲自尝一尝米饭、馒头来验证一下：富含淀粉的米饭、馒头是不是会慢慢地变甜？

（1）学生尝米饭、馒头。（要求：慢慢咀嚼，认真品味一下米饭、馒头的味道）

学生表达是什么味道。

教师总结：米饭、馒头在口腔中变甜了。

（2）请学生讨论：米饭、馒头变甜是化学变化，还是物理变化？

学生集体讨论。

教师总结：米饭、馒头变甜是化学变化。

（三）续造情境，探究活动二

1. 教师用语言营造情境

生命只有一次。选错了，大家就有可能走不出荒漠。得有一个非常可靠的方法检测出这些食物是否含有淀粉。

学生阅读课本、讨论，并汇报方法。（课本内容：加碘酒）

2. 检测方法验证

教师请学生做验证实验，验证讨论的方法是否可靠。（拿一些米饭、馒头、淀粉滴入碘酒）

学生领材料，滴入碘酒，并观察颜色变化。

教师请学生观察颜色变化，并思考是物理变化还是化学变化。

学生汇报。

教师总结：米饭、馒头、淀粉加碘酒会变色是化学变化。

（四）生成寻找食物中的淀粉实验

教师继续营造情境："看来方法还算可靠，大家打算利用淀粉遇碘酒会变色的特征来寻找含淀粉的食物。你们在荒漠中继续前行，遭遇马帮。可是，万一你们遇到的马帮只有这些食物（打出记录单上的食物），并且只能选出一种食物，你们能选出含淀粉的食物吗？"

1. 小组讨论一分钟

学生填写记录单。

学生汇报。

2. 检测食物是否含淀粉方法并讨论

（1）学生阅读有注意事项的PPT。

（2）学生实验、记录。

（3）汇报，记录大表。

结论：玉米、土豆、红薯含有淀粉，因为它们遇碘酒变成蓝紫色了。

（4）回收实验材料。

（五）情境再续，引出神秘信件活动

教师恭喜学生选对了食物，大家都能走出荒漠。为了表示对大家的奖励，教师表演一个魔术给学生看，一边做一边讲原理：这是春秋战国时军队发明的一种间谍传递情报技术。（把纸贴在黑板上，用安多福喷向毛边纸，把字显出来）

教师提示学生：学科学，用科学。科学知识除了能用来检测食物是否含淀粉，还能与美术巧妙的融合。

（1）与学生一起揭秘魔术。

（2）发实验材料：每人一张纸，一支毛笔，一小杯胶水。

（3）学生写毛笔字，写完贴在黑板上，然后喷出字样。

（4）评出最美的作品。

（六）总结

（1）请学生说一说这节课的收获。

（2）教师总结：化学变化通常会伴随着变味、变色的现象，而且非常有意思。我们可以利用这些特定的现象判断是化学变化还是物理变化，也可以用来检测食物，甚至变魔术。

【板书设计】

米饭、淀粉和碘酒的变化

$$淀粉+唾液 \xrightarrow{化学变化} 变甜（产生新物质）$$

$$淀粉+碘酒 \xrightarrow{化学变化} 变色（产生新物质）$$

【学生记录单】

寻找淀粉的踪迹

时间：_____年_____月_____日   记录员：_____

	白萝卜	红萝卜	西红柿	橙子	苹果	洋葱	白糖	土豆	玉米	红薯
猜测是否含有淀粉										
是否变蓝紫色										
含有淀粉的食物（√）										

【设计意图】

科学知识很有用，也很好玩。本课教学设计设置了多重情境，在情境的推进中将知识的学习和应用不断深入。首先，创设选择救命食物的情境，既有帮助学生解决遇到类似困境时该如何面对的现实意义，也是安全常识教育的需要。其次，这样的情境有较强的激励性，能让学生像投入游戏一样投入问题解决。再次，通过荒漠恶劣环境以及三选一的规则的创设，让学生必须找出富含淀粉的食物，从而引出本环节核心内容——淀粉在口腔中与淀粉酶产生麦芽糖的事实。接着，情境继续推进、转折，引导学习继续深入。通过再次创设荒漠中遭遇马帮，而只能换取一种食物的情境，要求学生必须在十种食物中寻找一种富含淀粉的食物，从而引出了淀粉检验方法的讲解和验证实验的推进。最后，通过创设庆贺走出荒漠困境的情境，顺理成章地进入了表演魔术的内容学习，让科学学习变得不但有用，而且有趣、好玩。

《我们周围的空气》教学设计

深圳市福田区景秀小学　姚　晖

【教学内容】

教育科学出版社版小学科学三年级上册第四单元《水和空气》第5课《我们周围的空气》。

笔者认为这节课的内容既属于物质科学领域，又属于地球与宇宙科学领域。《小学科学课程标准》里举出的地球与宇宙科学领域的主要概念中，就有"地球上有大气、水、生物、土壤和岩石和地球内部有地壳、地幔和地核"的内容。而纵观目前的教科版小学科学教材，《我们周围的空气》是在三年级形成这一主要概念的一节基础课。

本课首先通过一个气泡图了解学生对空气的前概念认知，然后通过设计实验证明空气的存在以及比较空气和水这两个活动来帮助学生建构起对空气较为完整的认知，在活动中培养学生的证据意识——科学结论需要用客观事实（证据）来证明。

【教学目标】

1. 科学概念

（1）空气是存在于我们周围的一种物质，可以被我们感知。

（2）空气和水相比，有许多的相同点和不同点。

2. 过程与方法

（1）学会对无法直接进行观察的物质借助其他媒介，感知它们的存在。

（2）能用多种方式对不同物质进行比较，观察它们的相同点和不同点。

3. 情感、态度、价值观

明白科学的结论需要客观事实（证据）加以证明。

【教学重点】

明确空气和水相比，有许多的相同点和不同点。

【教学难点】

能用多种方式对不同物质进行比较，观察它们的相同点和不同点。

【教学准备】

1. 学生

每组必备材料：透明塑料袋2个、薄纸条、水槽、杯子2个。

备选材料：小针、小剪刀、橡胶发圈、扇子、香、打火机、吹泡泡器和肥皂水。

学生在课前完成"我们知道的空气"气泡图。

2. 教师

课件、实验记录单、气泡图记录单和维恩图记录单。

【情境创设】

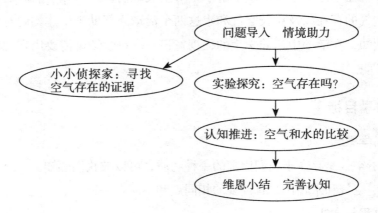

【教学过程】

（一）问题导入，情境助力

教师以问题"我们周围是否存在空气？"直入主题，请学生拿出他们课前做好的气泡图，并讨论是否存在空气以及空气是怎么样的，然后将学生的汇报写入黑板上一张大的气泡图内。

学生汇报。

教师情境渲染：大部分同学都说我们周围存在空气，也说了不少自己知道的有关空气的特点。可光这么说，我可不相信。今天就请你们来做一回小侦探，寻找空气存在的证据，证明空气的存在！

（二）实验探究：寻找空气存在的证据

教师用一个塑料袋兜起一袋空气并扎好，然后询问学生：我刚才是否把空气装进袋子里了？袋子里真的有空气吗？请小侦探们分组讨论，想个办法证明空气确实存在，并利用这些实验材料实际操作，注意记录实验过程中观察到的现象（收集到的证据）。

教师出示分组实验器材和备选器材。

温馨提示：实验时轻声细语；及时记录现象；实验结束收拾器材。

学生分组实验。

学生交流汇报。

教师引导：注意说明是什么现象证实了袋中空气确实存在。（渗透"有些东西我们看不见，但并不是不存在"这一科学观念及"证据"意识）

（三）认知推进：空气和水的比较

教师继续渲染情境：小侦探们都证实了空气确实存在。大家刚才有不少小实验是在水槽中完成的，在实验中是否注意比较空气和水有什么相同点和不同点呢？

教师请学生回顾所知道的关于水的一些特征，根据这些特征对水和空气进行有联系地比较。小组讨论后，利用教师提供的备选材料进行实验，收集证据，证明水和空气的相同点和不同点。（比如：空气和水，谁轻谁重？水会流动，空气会流动吗？学生因为年龄的关系，一个小组只要能做出一个点即可）

学生讨论、实验。

学生汇报。

（四）维恩小结

教师请学生回顾课堂内容，结合实验结果，归纳水和空气的相同点和不同点，并将结果记录到维恩图中。全班进行交流。

教师总结：今天大家都做了一回小侦探，不但证实了空气确实存在，还通过实验收集了各种证据说明空气和水的相同点和不同点。大家在今后的学习生活中也应有侦探的精神，养成收集证据、尊重事实、用证据说话的科学意识。

【板书设计】

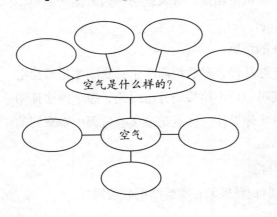

我们周围的空气

我们知道的空气：空气存在吗？

证据：

空气确实存在，可被感知

空气和水比较

证据：

维恩图：

水　空气

【学生记录单】

记录单1：我们知道的空气：见教材上的气泡图。

记录单2：

《我们周围的空气》实验记录单

组别：_____　　姓名：_____

空气存在吗？	
我的想法：	
怎么证明袋子里有空气存在？（实验方法）	证据（实验现象）：（写/画）
空气和水的比较（相同点或不同点）：	
实验方法：（写/画）	证据（实验现象）：（写/画）

记录单3：水和空气的比较。（见教材上"水和空气"维恩图）

【设计意图】

空气这一概念，在学生甚至成人的认知里，其实都是既熟悉又模糊的。因为平时看不见摸不着，学生对空气的认知往往都是来自于书本阅读或媒体等，基本没有亲身感知空气存在的体验。本课教学从问题出发，激起学生对原有认知的挑战，然后利用小侦探的角色代入情境，鼓励学生去积极解决问题，最后再通过空气和水的比较，进一步完善认识。本课中小侦探的角色设计可以很容易让学生在解决问题的过程中接受并建立起证据意识，潜移默化地养成收集证据、尊重事实、用证据说话的科学意识。

《水的三态变化》教学设计

深圳市福田区景秀小学 姚 晖

【教学内容】

教育科学出版社版小学科学三年级下册第三单元《温度与水的变化》第7课《水的三态变化》。

笔者认为，《水的三态变化》是隐藏在物质领域单元学习中的地球与宇宙科学领域知识内容。纵观教科版小学科学的教学内容，只有这一节课的内容较为完整地体现了《小学科学课程标准》中有关"地球上云、雾、雨、雪等天气现象及形成原因，地球上的水在陆地、海洋及大气之间处于不间断循环之中"的学习目标描述。因此，这节课也是建构地球与宇宙科学领域的主要概念"地球上有大气、水、生物、土壤和岩石，地球内部有地壳、地幔和地核"的基础课之一。

本课是单元小结，主要由两个部分组成：一是带领学生回忆或观察大自然界中云、雾、雨、雪、冰等现象的变化过程，讨论它们变化的原因和条件；二是通过回忆、总结本单元的学习，认识到水的三态变化是可逆的，并利用所学知识解释自然界的水循环。

【教学目标】

1. 科学概念

（1）知道水在自然界有各种形态——云、雾、雨、露、霜、雪、冰、水蒸气……

（2）了解水在自然界同时以液态、固态和气态存在，水在自然界不断经历着三种状态的循环变化。

（3）理解促使水的三态变化的原因是温度的变化。

2. 过程与方法

（1）回忆或观察水在自然界的各种形态——云、雾、雨、露、霜、雪、冰、水蒸气……讨论它们之间变化的原因和条件。

（2）寻求水的气态和固态之间变化的证据，尝试自主设计水的气态和固态之间变化的观察实验活动。

（3）分析水的各种状态之间变化的过程，整理概括水的三态变化规律。

（4）思考有关自然界水循环的相关问题，尝试用所学知识对这一现象做出解释。

3. 情感、态度、价值观

（1）认识到观测数据（证据）对科学研究的意义和价值。

（2）通过认识水的三态变化，初步认同物质是不断变化的。

（3）通过认识水的三态转化过程，初步建立物质不灭的观点。

【教学重点】

能用"水的三态变化"对自然界的水循环做出解释。

【教学难点】

分析水的各种状态之间变化的过程，整理概括水的三态变化规律。

【教学准备】

1. 学生

玻璃烧杯1只、冰块1杯、食盐、温度计、研讨会记录单。

2. 教师

课件（云、雾、雨、雪等自然现象的图片和视频）、装着冰块的杯子。

【情境创设】

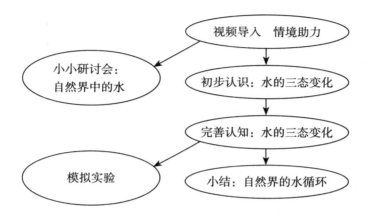

【教学过程】

（一）视频导入，情境助力

教师请学生回忆并说说在自然界中见过水的哪些形态？在什么时候、什么地方或者是什么季节见过该自然现象？

学生回答。

教师播放自然界中水的各种形态的视频：云、雾、霜、雨、雪、冰、露……学生观看视频后，再次回忆思考教师一开始提出的问题，在每个小组内开个小型研讨会，完成研讨记录单，并把组内达成一致的意见记录下来，把组内不一致或者不清楚的意见标注出来。

学生分小组开研讨会，记录。

学生小组汇报。

教师将学生的汇报整理成板书，将学生不清楚的意见点保留。

（二）初步小结，问题引发

教师引导学生小结：在刚才的汇报中，大家可以发现：液态的水能结成固态的冰，固态的冰会重新融化成液态的水；液态的水会蒸发成气态的水蒸气，气态的水蒸气又会凝结成液态的水。那么，固态的冰和气态的水蒸气之间能互相转化吗？你们刚才疑惑的霜和雪是从水的什么状态转化而来的？在什么条件下能形成呢？

教师出示上节课的实验装置——一杯装了冰的水，带领学生回忆之前学过的凝结：水蒸气遇冷后在杯子的外壁上直接凝结成小水珠。今天，大家一起制造更低的温度，探究会发生什么情况吧。

（三）实验探究，完善认知

学生分组实验：在一个干燥的烧杯中装满小冰块，并在碎冰中混入大量的食盐（加盐可以制造更低的温度），沿着杯壁插入温度计，过几分钟观察，烧杯外壁上会出现什么现象，记录现象、温度并分析原因。

学生实验、记录。

学生汇报。

教师根据学生汇报整理：空气中的水蒸气，遇到了冷的烧杯外壁（温度低于0℃），凝结成了冰晶。这种现象与自然界中的雪和霜的现象相似。这一过程就是水从气态直接变成固态的过程。

教师引发学生思考、讨论：固态的冰能否直接变成气态的水蒸气呢？鼓励有北方生活经验的学生分享。（深圳的孩子长期生活在南方，一般没有这个经验。教师可以通过播放视频和讲解，比如北方冬天室外晾衣服等，则是冰晶受热直接变成水蒸气）

（四）小结：水的三态变化

教师请学生尝试概括总结，然后引导完善建构——水的状态是怎样相互转化的？是什么原因引起了水的三态变化？板书完成"水的三态变化"图。

请学生利用本单元所学知识解释自然界的水循环：江河中的水日夜不停地流入海洋。海洋里的水却总也不会溢出来，江河里的水也一直流不完。这是什么原因？

（五）作业

请学生以《小水滴旅行记》为题写一篇有关自然界水循环的科学童话。

【板书设计】

水的三态变化

自然界中水的形态	变化的过程	变化的条件
霜	水蒸气 ——→ 冰晶	温度降到0℃以下
雪	水蒸气 ——→ 冰晶	温度降到0℃以下
冰	水 ——→ 冰	温度降到0℃以下
露	水蒸气 ——→ 水	温度下降（0℃以上）
云	水蒸气 ——→ 水	温度下降（0℃以上）
雾	水蒸气 ——→ 水	温度下降（0℃以上）

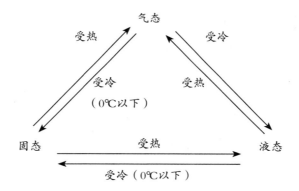

【学生记录单】

《水的三态变化》研讨会记录单

组别：_____ 姓名：_____

自然界中水的形态	变化过程		变化的条件	
	组内一致意见	不同意见	组内一致意见	不同意见
霜				
雪				
冰				
露				
云				
雾				

【设计意图】

本节课虽然是单元总结综述课，但是因为涉及新的知识点，如凝华、升华，同时又需要学生将前面课程所学的东西运用到实际的自然现象中去分析，对于三年级的学生来说其实有一定难度。因此，在分析自然界中水的各种形态转变的过程和条件时，笔者设置了一个研讨会的情境，并配以相应的记录单，就是想让学生进行充分的研讨，并记录下多方的意见——不仅是自己的，还有别人的，通过接近真实专家版的研讨和记录，帮助学生厘清概念，并找到不懂或者不清晰的地方。这时，教师再通过模拟实验探究和视频讲解帮助学生逐渐拨开云雾，把概念建构完整。最后的作业布置，是对学生的单元学习评价，让学生在童话情境中完成一篇科学写作。写作对学生来说，不是一件很喜欢的事，但是利用童话再现枯燥的科学知识则是完全不同的体验。学生可以在写作中去审视自己的概念建构情况，同时这有助于教师更直观地检验学生的学习目标达成情况。

《风向和风速》教学设计

深圳市福田区景秀小学 王仁秋

【教学内容】

教育科学出版社版小学科学四年级上册第一单元《天气》第4课《风向和风速》。

本单元以天气为主题，引导学生关注每天的天气变化，对天气的一些基本特征（云量、降水量、风和气温）进行研究，并像气象学家那样观察、记录、分析各种天气现象。本课内容就是对四种基本特征之一的风进行研究。在此之前，学生刚刚学习了温度和气温，能够做简单的天气日历，并且在天气日历中需要描述风向和风速。通过这一课的学习，能让学生更好地了解天气情况，掌握风向和风速的知识并能记录天气情况。

【教学目标】

1. 科学概念

知道风可以通过自然界中事物的变化来感知，可以用风向和风速来描述。

2. 过程与方法

（1）学生自制简易风向标和小风旗。

（2）用自制的风向标和小风旗测量风向和风速，并使用适当的方法记录观察结果。

3. 情感、态度、价值观

（1）感受到使用简单的工具就能对天气观察活动提供很大的帮助。

（2）进一步提高观察天气现象的兴趣和好奇心。

【教学重点】

能描述风向和风速。

【教学难点】

用自制的风向标和小风旗测量风向和风速，并使用适当的方法记录观察结果。

【教学准备】

1. 学生

制作风向标材料：硬吸管1根、边长大约15厘米的硬纸板1张、带橡皮的铅笔1根、大头针、窄透明胶带、剪刀。

制作小风旗材料：长约35厘米、宽20厘米的软布，长30厘米、宽6厘米的硬纸板、订书机1个。

2. 教师

实验材料、多媒体课件、视频。

【情境创设】

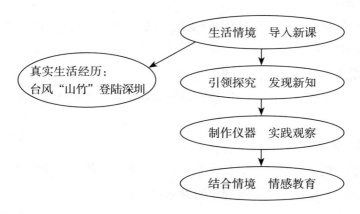

【教学过程】

（一）生活情境，导入新课

教师播放2018年9月16日16号红色台风"山竹"登陆深圳的视频。（视频展示此次台风的极大破坏力：大树拦腰折断、连根拔起，学校周边大树倒伏，海水倒灌等）

教师根据现象提出问题：同学们，此次超强台风给深圳真的带来了极大的破坏力。这不仅是你们第一次见过的最大的台风，也是老师见过的最大的台风，此次台风带给你们的感受是怎样的呢？

学生交流、表达自己对台风的想法。

教师总结学生描述台风中的有关风的描述。引出新课：风可以通过自然界中事物的变化来感知。头发的飘动、树枝的摇动、国旗的展开、台风中的树枝折断和大树的连根拔起等，这些生活现象都证明了风的存在。这节课，我们就来学习天气现象中的一个重要特征——"风"，学习怎样科学地描述"风向和风速"，如何测得"风向和风速"。

（二）引领探究，发现新知

1.风向和风向标

教师通过古人的诗词，请学生谈谈从诗句中认识到的风，引导他们关注风向，引出活动一。

（相见时难别亦难，东风无力百花残。枯藤老树昏鸦，小桥流水人家，古道西风瘦马。夜来南风起，小麦覆陇黄。北风卷地白草折，胡天八月即飞雪。）

（1）认识方位。

教师带领学生回顾方位：东、南、西、北、东南、东北、西南、西北，一共八个方位；平面图中方位的表示方法：上北下南，左西右东。（课件呈现方位图）

（2）认识风向。

教师讲解：风的方向就是风向，即风吹来的方向，可以用八个方位来描述风向。课件出示"八方来风图"，教师随机提问：北风、东风、东南风是指从哪面吹来的风？

学生回答。

教师出示课件图片，请学生根据平时生活中看到的红旗的摆动、烟的飘向等来判断风向。如红旗向东飘，吹的是什么风？烟向东北飘，吹的是什么风？

学生回答。

（3）认识与制作风向标。

教师引导学生认识测量风向的工具——风向标，并利用课件、实物展示风向标的各部分：风向杆、箭头、箭尾、支架。风向标的箭头指向风吹来的方向，可以用来描述风向，例如箭头指向东，吹的就是东风。

教师利用微视频展示自制简易风向标的方法。

PPT展示制作注意事项：箭翼要大于箭头，约是箭头的2倍；平衡点要选在稍偏向箭翼的位置；风向杆上的孔要大小适中，并与箭头、箭翼要在一个平面上；使用剪刀时要注意安全。

学生两人一组，分组制作风向标。

（4）各小组展示做好的风向标。

教师请学生小组讨论风向标的使用方法。

教师总结：观测风向，首先要明确所在的方位，当不知道自己所在方位时，可以用指南针来确定；其次是一定要在室外空旷的地方。

2. 风速和风速等级

教师请学生说说：早晨来上学的时候，你感觉风大还是风小？判断的理由是什么？

教师讲解：风的大小可以用风速来描述。风速就是风每秒行进多少米。

风向可以用风向标来测量，那么风速可以用风速仪来测量。

教师播放视频帮助学生了解风速仪的使用方法。

教师讲解气象学家把风速记为13个等级，并出示风力歌，让学生阅读了解。

零级无风炊烟上，一级清风烟稍斜。二级微风树叶响，三级柔风树枝晃。

四级小风扬纸片，五级中风小树摇。六级大风打伞难，七级疾风步行艰。

八级强风树枝断，九级烈风起瓦片。十级狂风树根拔，十一级暴风浪滔天，十二级飓风陆罕见。

3. 简易描述风速的方法

教师请学生回忆本单元第2课记录"天气日历表"时，是采用观察旗子被风吹动的情况来简易确定风的等级的。

教师介绍可以采取观察风吹动旗子的状态来估计风速。视频展示自制小风旗的方法，同时展示"简化的风速等级"：旗子不动，表示无风，用0表示；旗子微动，表示微风，用1表示；旗子抖动，表示大风，用2表示。

学生自制一面小风旗。

（三）实地实践观察

1. 测量风向风速。以小组为单位，用风向标和小风旗去室外进行实地观测风向和风速。

注意事项：安静观察、确定方位、做好记录。

2. 学生汇报观测的结果，并记录在"天气日历表"中。

（四）生活情境，环保教育

教师播放视频展示台风"山竹"引起海水倒灌，水退去后街头的一幕——街道上留下了满满的泡沫、各种白色垃圾，原本被人类丢在海边或海里的垃圾在一场台风后"还"给了人类。

教师请学生交流观看视频后的感受，并谈谈自己能做哪些力所能及的事情，为保护环境出一份力。

【板书设计】

风向与风速

	测量工具
风向：风吹来的方向	风向标
风速：风每秒行进多少米	风速仪

【学生记录单】

《风向与风速》记录单

组别：_____　　姓名：_____

我们观察到的现象是：＿＿＿＿＿＿＿＿＿＿＿＿＿＿＿＿＿＿＿＿＿

＿＿＿＿＿＿＿＿＿＿＿＿＿＿＿＿＿＿＿＿＿＿＿＿＿＿＿＿＿＿＿

＿＿＿＿＿＿＿＿＿＿＿＿＿＿＿＿＿＿＿＿＿＿＿＿＿＿＿＿＿＿＿

＿＿＿＿＿＿＿＿＿＿＿＿＿＿＿＿＿＿＿＿＿＿＿＿＿＿＿＿＿＿＿

＿＿＿＿＿＿＿＿＿＿＿＿＿＿＿＿＿＿＿＿＿＿＿＿＿＿＿＿＿＿＿

风向：＿＿＿＿＿＿＿＿＿＿＿＿＿＿＿＿＿＿＿＿＿＿＿＿＿＿＿＿

风速：＿＿＿＿＿＿＿＿＿＿＿＿＿＿＿＿＿＿＿＿＿＿＿＿＿＿＿＿

【设计意图】

本课采用了创设情境导入法，通过问题引领探究，指导学生明确风向指的是风吹来的方向。风向可以用八个方位描述，可以用风向标来测量。学生自制风向标，并讨论风向标的使用方法。教师讲解风速的概念，并向学生展示测量风速的工具——风速仪，指导学生制作小风旗，了解简化的风速等级，逐步突破教学的重点和难点。通过动手制作风向标和小风旗，学生增强了动手能力、团队的合作精神，激发了强烈探究的欲望。

课后结合台风"山竹"引起海水倒灌，水退去后街头的一幕相关报道，跟导入环节首尾呼应，呼吁学生爱护环境、保护地球，加强环境保护意识。

《观察、描述矿物（一）》教学设计

深圳市福田区新莲小学 费 聪

【教学内容】

教育科学出版社版小学科学四年级下册第四单元《岩石和矿物》第4课《观察、描述矿物（一）》。

经过本单元前面3课的学习，学生认识了岩石的特征和组成，而本课主要指导学生对地球内部的主要构成物质——矿物进行研究，让学生在学习过程中获取一些有关矿物颜色、条痕、软硬程度等方面的基本科学知识。

【教学目标】

1. 科学概念

（1）颜色、条痕、软硬程度是矿物的重要特性。

（2）有些矿物具有多种颜色，有些矿物具有相似的颜色。

（3）颜色、条痕、硬度是识别矿物的重要依据，矿物的条痕比矿物的外表颜色更可靠。

2. 过程与方法

（1）在课堂教学过程中，组织和指导学生经历一些基本的观察研究活动过程：对矿物颜色和条痕的观察和描述的过程；矿物互相刻划及用指甲、铜钥匙、小刀对矿物刻划，进行硬度比较的描述的过程。

（2）引导学生开展观察、描述矿物的活动，鼓励学生在课外或校外继续开展一些研究矿物的活动。

3. 情感、态度、价值观

（1）培养对矿物观察研究的兴趣。

（2）认识到认真、细致的观察和描述是十分重要的。

【教学重点】

（1）能用所学方法与知识观察、描述矿物。

（2）能对观察的矿物进行描述。

【教学难点】

使用准确的词汇对矿物进行描述。

【教学准备】

课件、铜钥匙、小刀、铅笔、矿物、木头、塑料、瓷砖。

【情境创设】

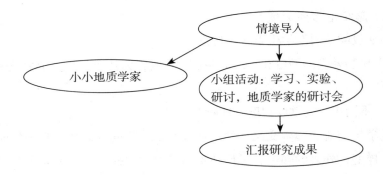

【教学过程】

（一）情境导入

教师营造气氛，引导学生想象自己是正在进行野外考察的地质学家，用语言引导学生对自己身份的认同。每个小组都得到若干块矿物，但不知道具体是什么。请学生根据手边的资料对其进行观察、描述。

（二）开展研究

1.提出问题：讨论观察和描述的方法

（1）学生自学课本内容，讨论地质学家如何观察和描述矿物。

（2）学生交流：透明度、颜色、形状、表面光滑和粗糙程度、硬度、反光度、轻重、厚度、气味……教师有意识地引导学生以一个地质学家的眼光看待手中的矿物。

2. 观察和描述

（1）认识矿物的颜色和条痕。.

教师投影不同色彩的矿物图片：石英（不同色彩）、金矿、黄铜矿、黄铁矿，并指导学生观察、认识不同矿物的颜色和条痕的颜色。

（2）矿物的软硬程度。

学生用指甲、铜钥匙、小刀分别在矿物上刻划，认识鉴别矿物软硬程度的方法：能用指甲刻划出痕迹的软；不能用指甲刻划出痕迹，但能用铜钥匙刻划出痕迹的较软；不能用铜钥匙刻划出痕迹，但能用小刀刻划出痕迹的较硬；用铜钥匙、小刀都不能刻划出痕迹的硬。

（3）学生分组活动：观察、描述矿物的特征。（颜色、条痕和软硬程度）

（4）每个小组选出一位"权威专家"对本组的观察结论进行总结汇报。

（三）总结汇报研究成果

教师通过问题引发学生思考、讨论：

（1）矿物外表的颜色和条痕的颜色一致吗？为什么？哪一个颜色是矿物的本质特征？

（2）不同矿物的软硬程度一样吗？

通过学生交流、师生交流，学生达成共识：不同的矿物，它们的颜色和条痕是不一样的；外表的颜色有时反映不出矿物的本质特征，但是条痕色可以；不同的矿物，它们的硬度也不一样；通过刻划的办法，可以确定其软硬程度。

【板书设计】

观察、描述矿物（一）

1. 矿物的颜色

2. 矿物的条痕

3. 矿物的软硬程度

【学生记录单】

观察描述矿物实验记录表

班级：_____ 记录人：_____

1. 矿物的颜色和条痕色

矿物名称		黄铁矿	石墨	萤石
矿物特征	矿物的颜色			
	矿物条痕的颜色			

2. 矿物的软硬程度

矿物名称		石英	长石	方解石	云母
矿物特征	矿物的软硬				

【设计意图】

本课旨在通过情境创设，让学生在扮演地质学家的过程中了解其日常工作，掌握一些有关矿物颜色、条痕、软硬程度等方面的基本知识。教师通过语言引导、视频课件展示创设一个地质学家野外科研考察的场景。学生通过角色扮演，对地质学家的日常工作有一个了解，通过亲手实践掌握矿物的颜色、条痕、软硬程度等知识，最后通过小组讨论的方式进行汇总得出最后的结论，并推举一位"权威专家"做最后陈词。教师在课堂中并不作为知识的传授者，只是作为情境的创设者和课堂的引导者，让学生通过课本和实验来进行自主学习。

《地球表面的地形》教学设计

深圳市福田区园岭小学　赵泽君

【教学内容】

教育科学出版社版小学科学五年级上册第三单元《地球表面及其变化》第1课《地球表面的地形》。

从单元内容的编排结构来看，本课内容具有总起作用，是本单元学习的基础。从教材内容的安排上看，旨在让学生大致了解认识地球表面的地形及整体概况。

在本课中学生通过从实际图片再到地形图这样一个过程，从而初步认识观察地形图，同时这样的观察又是开放的、具有探究性。本课教材主要安排了两个活动内容：第一是让学生通过回忆曾经去过的地形并说出其地貌特征，实现从实到形的认识转变；第二是观察地形图，从而让学生了解我国地形结构和地球表面地貌特征状况。

【教学目标】

1. 科学概念

（1）地形主要包括高原、平原、山地、盆地、丘陵等。

（2）地球表面有河流、海洋、山脉、高原等多种多样的地形地貌，地球表面是高低起伏、崎岖不平的。

2. 过程与方法

（1）观察描述常见地形的特点。

（2）会看简单的地形图，能在地形图上指认地形。

3. 情感、态度、价值观

培养对地球表面地形研究的兴趣，能自觉关注和收集相关的信息。

【教学重点】

知道典型地形地貌的特点。

【教学难点】

从地形图中发现整个地球地表地形地貌的分布和特点，知道并描述各种地形地貌的特点。

【教学准备】

1. 学生

同学旅游拍摄的地形照片和对应地形的介绍资料；全班分为九组，每六名学生为一组。

材料：有浅绿、深绿、浅黄、深黄、浅红、深红、紫、白色等各种不同颜色的超轻黏土，纸质地图，阅读卡，记录表。

2. 教师

一些典型地形地貌图片、世界地形图、中国地形图、深圳地形图、课件。

课前，教师需要收集学生在中国典型地形上拍的各种各样的旅游照片，挑选能突出常见地形的照片，加以文字说明，形成阅读资料，让学生在阅读时关注地形特点；在阅读卡派发时，要注意三个合作小组的资料的完整性；实验时派发给学生的超轻黏土需要密封好，指导学生捏好地形后要及时粘贴到平面地图上，避免黏土变硬粘不住。

【情境创设】

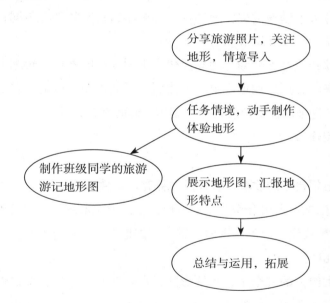

【教学过程】

（一）旅游分享，情境导入

1. 教师导入

教师提前收集学生的旅游照片，将照片做了一个影集并给学生分享，请学生在欣赏美景的同时关注当地的地形特点。

教师提出这节课的任务：今天，请同学把旅游照片做一个立体的旅游游记图。

2. 认识地形

教师讲解什么是地形（地形是指地球表面地势高低起伏变化的形态），请学生说说在旅游照片中观察到哪些地形？各有什么特点？

教师根据学生讲述补充并板书。（陆地的地形主要分为五大类：高原、平原、山地、盆地、丘陵）

（二）捏造地形，合作交流

1. 教师提出任务

制作旅游地形图，即根据它的地貌特点捏好后粘在平面地图上，制作一个地形图。

实验要求：每三个小组组成一个大组；每个小组有一个资料包，里面包括记录表、指导大家制作的部分地形图，每个小组负责的部分不同；捏造地形的材料是超轻黏土，大组共用。

注意事项：注意不同颜色的黏土代表不同高度的地形，根据地形高度选择相应颜色的黏土；捏好地形后要马上按压到平面地图对应的位置上，避免黏土变硬粘不上；仔细阅读资料后再动手制作，时间是20分钟。

2. 学生制作

略。

3. 学生汇报自己的收获，教师及时补充（课件出示）

（1）学生展示大组合作完成的地形图，说说地形图中主要的地形。

（2）学生说说完成的旅游地形图（中国地形图）有什么特点？陆地上主要的地形有哪几种？

当每个大组内的三个小组将地形图拼在一起时，学生会惊讶地发现共同合作完成的实际上是中国地形图。学生相互交流、讨论，可以知道中国多山地、西高东低的地形特点。

（三）利用工具，应用解决

（1）教师引导学生认识一个能快速知道地形的工具——地形图。

（2）教师提出学习任务：你知道地形图上不同的颜色都代表什么意思吗？地球上的地形有什么特点？在地形图上找出世界最高的地方。

学生汇报。

（3）教师出示顺口溜（黄高蓝水绿平原，沙漠黑点一片片，棕紫表示更高地，白色终年积雪寒），帮助学生记忆。

（4）课件出示深圳市地形图，让学生利用刚才所学解决实际问题：我们所在的深圳主要是什么地形？

学生汇报。

（四）总结巩固，作业提升

教师提出问题，引导学生课后思考：地球表面的地形是怎样形成的？地形是不是永远不变的？请同学们课后收集有关地形地貌变化的相关资料。

【板书设计】

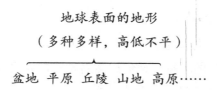

地球表面的地形

（多种多样，高低不平）

盆地 平原 丘陵 山地 高原……

【学生记录单】

《地球表面的地形》课堂记录表

时间：_____年_____月_____日 记录员：_____

1.根据旅游照片及说明，记录地名和相应的地形及特点。

地名	地形	高度	特点	代表颜色

（注意：代表颜色指不同的颜色代表不同的高度）

2. 根据地形特点简易画出高原、平原、山地、盆地和丘陵等五种陆地常见的地形。

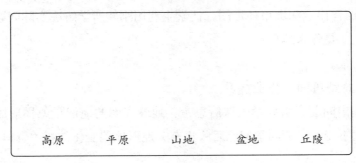

高原　　　　平原　　　　山地　　　　盆地　　　　丘陵

【设计意图】

学生大部分有跟父母旅游的经验，并拍下了不少含有我国典型地形地貌的照片，对地形有一定的了解。他们虽然对地形的含义及基本形态没有明确认识，但是对多样化的自然现象非常感兴趣。根据学生特点，本课将教学内容做了调整：第一个活动是观察本年级同学汇集起来的含有各种地形的照片，从自己的经历出发，对地形进行观察和描述，认识地形特点；第二个活动是根据地形特点制作旅游地形图，即中国地形图，从制作中学习到"高原、平原、山地、盆地、丘陵"等典型地形的地貌特征，并了解中国地形的大致情况；第三个活动是观察深圳市地形图和世界地形图，指认出深圳市地形图的主要地形，学会观察世界地图。

本课在设计上主要有以下几个特点：

1. 情境教学，贯穿始终

本课以学生自己制作旅游地形图为情境贯穿整堂课，以学生的旅游照片为蓝本来制作立体的游记图作为情境导入，激发学生学习的欲望，以愉悦的心情自然而然地进入学习状态。课堂的结尾以了解所在地区——深圳的地形来检验、巩固和评价学生此堂课的学习效果，真实情境贯彻始终。

2. 慎重选取实验材料

经过多次实验，笔者发现捏造地形首选材料是超轻黏土。它具有轻、易塑形、干得快、可以粘到平面纸上等传统橡皮泥不具备的特点，而且最后可以将立体地图贴到黑板上进行展示，极大地鼓励了学生动手制作的热情，并且颜色特别鲜艳多彩，成品给学生带来美感和成就感。

3. 组内合作，组间学习

本课不仅有传统的小组分工，还打破组间的空间界限，将实验桌合并一起，实现三个小组一起合作的一次大学习。当三个小组的成果拼在一起时，学生会很惊喜地发现他们的合作成果是整个中国地形图。他们可以从自己捏造的中国地形图了解到陆地的主要地形和中国的地形特点。这是教师课前的巧思，也是给学生的一个惊喜。

《昼夜交替现象》教学设计

深圳市福田区新莲小学　费　聪

【教学内容】

教育科学出版社版小学科学五年级下册第四单元《地球的运动》第1课《昼夜交替现象》。

本单元主要是指导学生研究由地球的自转和公转运动所引起的昼夜交替和四季的变化。本课为第四单元《地球的运动》的第一节课，是研究地球运动的开篇。昼夜交替是学生每天都能体验到的现象。如何通过现象去发现本质，培养学生的辩证思维是这节课的主要目的。本节课将通过辩论和模拟实验让学生提出对昼夜更替的解释，并通过模拟实验来验证自己的观点是否正确。

【教学目标】

1. 科学概念

（1）昼夜交替现象有多种可能的解释。

（2）昼夜交替现象与地球和太阳的相对圆周运动有关。

2. 过程与方法

（1）提出地球产生昼夜现象的多种假说，并且进行验证。

（2）做好模拟实验和运用实验证据的收集。

（3）根据实验的情况修正自己的解释。

3. 情感、态度、价值观

（1）认识到积极参与讨论，并发表有根据的解释是重要的。

（2）认识到同一现象可能有多种不同的解释，需要用更多的证据来加以解释。

（3）培养主动探究、积极合作的态度。

【教学重点】

（1）能用自己掌握的方法与知识开展思考和辩论。

（2）提出合理假设并可以用模拟实验进行验证。

【教学难点】

学生学会如何提出假设并对自己的观点进行验证。

【教学准备】

课件、地球仪每组一个、手电筒每组一支、白纸每人一张、水彩笔若干。

【情境创设】

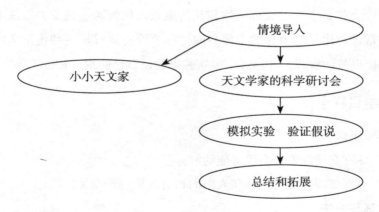

【教学过程】

（一）情境导入

教师营造情境，引导学生想象：古代人类每天面对着昼夜的交替，对天文有研究的学者就开始思考昼夜交替现象是如何产生的？并提出各种假说。

教师解释什么是假说，并请学生模拟古代天文学者进行天文问题研究的研讨会，分小组展开讨论。

（二）开展研究

1. 学生分组进行讨论，提出本组假说

学生在教师的组织下进行辩论，针对本组观点进行说明并对别的小组提出的假说进行评价；以小组为单位，模拟研究天文的学者研讨会进行辩论。辩论过程中，学生可以在白纸上用水彩笔或写或画表达自己的想法。

2. 模拟实验验证

（1）教师引导学生进行模拟实验对假说进行检验，请学生分组思考、讨论实验器材和实验方法。（重点明确用什么物体来模拟地球、太阳等天体，在模拟天体运动时该注意什么）

学生汇报，教师小结。

有关实验器材：把地球仪当作地球，用手电筒来代替太阳；被照亮的部分是昼，没被照亮的是夜；用贴纸在地球仪上贴红点作标记，以这一点作为观测点。

（2）教师展示模拟实验注意事项：手电筒不能从上往下照；实验中地球仪和手电筒不要转动太快；观测点——地球仪上的红点，实验中请观察观测点有没有发生明暗交替现象；认真观察观测点昼夜变化时，"太阳"和"地球"在如何运动；完成实验记录单。

学生分组实验，教师巡视。

（三）科学研讨会总结

1. 小组总结

学生以小组为单位进行总结，每个小组派出一个代表阐述本组结论。教师对各组结论进行汇总。（学生讨论的结果一般会出现有好几种情况）

教师引导学生认识这几种都能使地球发生昼夜交替现象的运动有什么特点。（只要太阳绕地球或地球绕着太阳进行相对圆周运动就可以产生昼夜交替现象）

2. 教师提问

教师提出问题：到底哪种情况是地球产生昼夜交替现象的真正原因呢？

请学生观看视频短片和阅读资料，并分组讨论地球产生昼夜交替现象的真正原因，并说说其他的情况为什么不能解释地球的昼夜交替现象。

学生汇报，教师小结。（其他情况跟我们现实生活中一昼夜24小时的现象不符合；跟我们生活中夏天昼长夜短、冬天昼短夜长现象也不符合）

因为知识背景和能力的不同，学生在总结时会出现有小组结合地球昼夜交替24小时等规律把其他不符合的情况一并剔除，教师也应给予肯定，并对其他学生进行指导。

【板书设计】

昼夜交替现象

1.提出假设：我认为昼夜交替现象是这样产生的。

2.进行验证。

3.交流研讨。

【学生记录单】

昼夜交替现象

班级：_____　记录人：_____

我认为昼夜交替现象是这样产生的：	
我们的假设 （可以画图表示）	1. 2. ……
我们验证的结果	

【设计意图】

本课旨在通过情境创设，让学生扮演研究天文现象的古代学者，以科学家的身份和态度去探究昼夜交替现象。教师通过语言引导、课件展示一个天文学家是如何进行科研工作的，引导学生进行以问题为中心的辩论，并进行模拟实验验证。学生通过角色扮演对科学家的研究流程有一个了解，然后通过小组讨论的方式汇总最后的结论，并推举一位代表做最后陈词。教师在课堂中不是知识的传授者，只是情境的创设者和课堂的引导者，让学生学会"提出假设—小组讨论—组间辩论—模拟实验验证—总结"的研究方法。

《太阳系》教学设计

深圳市福田区景秀小学　姚　晖

【教学内容】

教育科学出版社小学科学六年级下册第三单元《宇宙》第5课《太阳系》。

作为小学科学学习的最后一个阶段，地球与宇宙科学领域的知识占了全书内容的四分之一。本单元将学生的视野拓展到地球以外的宇宙，利用建模的方式去认识各种天体，体验人类探索宇宙的历史过程。《太阳系》一课通过利用数据和资料建立模型的方式让学生认识太阳系这一天体系统，将学生原本较为浅薄的了解转化为更完整的系统认识，并在脑海中形成八大行星与太阳之间相应的空间位置关系，帮助学生建立起有关太阳系的科学概念认识。

【教学目标】

1. 科学概念

太阳系是由太阳和围绕它运动的行星、矮行星和小天体组成，是一个较大的天体系统。

2. 过程与方法

（1）收集、整理资料并进行交流来认识和了解太阳系。

（2）能按一定的比例对数据进行处理，并在此基础上用一定的材料建立太阳系的模型。

3. 情感、态度、价值观

（1）能与他人友好合作，在合作中客观评价他人的活动。

（2）意识到太阳系中天体的运动是有规律的，并可以被人们逐渐认识的。

【教学重点】

帮助学生建立有关"太阳系"的科学概念。

【教学难点】

根据八大行星距太阳的平均距离及各行星赤道直径数据建立太阳系的模型。

【教学准备】

1. 学生

课前收集有关太阳系的图片和资料。全班分为八组，每六名学生为一组，每组内再分太空飞行组（A组）和陆地总部组（B组），每小组3人。每个组准备建模的材料：橡皮泥、卡纸、报纸、软尺、颜料笔、透明胶纸等若干。

2. 教师

提前将实验室分两区域布置：一半室内挂着浩瀚宇宙的图片；一半室内挂着航天总部指挥室的图片。将桌椅靠实验室两边摆放，每个大组内A组坐在宇宙图片一边，B组坐在指挥室图片一边，中间留出大通道，通道最尽头摆放一按比例缩小的小皮球模拟太阳。准备好教学课件。

教师可根据六年级下册《教师教学用书》中的太阳系的整体资料，把包括太阳和八大行星的全部数据整理并提供给学生，其中有关太阳的资料每个小组是一样的，另外一份行星的资料就按照不同的行星分配，一个小组一个行星的资料。资料应包括该行星的质量、平均半径、平均密度、表面温度、卫星数、行星上的主要化学成分、大气状况等。

【情境创设】

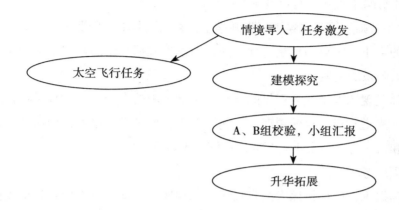

【教学过程】

（一）情境导入

黑板悬挂一幅大的太阳系图片。

教师用语言将学生带入情境，并揭示课题：有一部分同学（所有A组）乘坐宇宙飞船在外太空遨游。本次出行的任务是认识太阳系，建立太阳系的模型。飞船出现故障，紧急迫降在太阳系中的某个行星上。飞船上的智能分析器将收集该行星的数据，同时会同步传输给在某星球上的总指挥部（所有B组）。请飞船上和总指挥部的同学同步分析数据，找出飞船所在行星。

教师提出，要知道飞船到底迫降在哪个行星上，首先要先对太阳系有个大概的了解，要求学生将之前收集的太阳系的资料进行汇报交流。

学生交流后，教师播放一段太阳系的视频，引导学生归纳太阳系的概念：太阳系是以太阳为中心，由八大行星、矮行星、卫星和小天体（包括小行星和彗星）等组成的一个天体系统。八大行星按离太阳从近到远的顺序排列依次是：水星、金星、地球、火星、木星、土星、天王星、海王星。

（二）建模探究

（1）教师用言语营造氛围，告知学生，经过飞船上的智能分析器的分析，每组有两份资料：一份是太阳系八大行星的数据资料，另一份是各小组所在行星的资料，同一小组内A、B组的资料是一样的。要求小组内分析资料后，A、B

组互相确认，找到飞船所在行星的位置，并说明理由。

学生分组分析资料。

学生分组汇报所在行星及判断的依据。

（2）教师继续营造氛围，告知学生：之前资料上（即课本上）的八大行星和太阳的大小、距离图示是有问题的，请学生根据小组的数据全班合作重新建立一个太阳系的模型。

教师呈现课本中八大行星的资料（包括太阳的直径、八大行星各自与太阳的距离、赤道直径、自转周期、公转周期），要求学生思考：如何处理数据能把太阳和八大行星的大小、距离通过模型表现出来？

学生思考、汇报。

教师提示：假如按照太阳直径缩小到14厘米，即实验室中教师事先摆放好的模拟太阳的小球的大小，其他行星的直径分别为多少？按同一比例缩小，八大行星与太阳的距离分别是多少？同样要求同一组内A、B组分析计算后互相确认。

学生利用计算机计算各组所在行星按比例缩小后的直径以及距离太阳的距离，并组内确认。

学生小组汇报。

学生分小组制作行星，并开始确认距离放置。（此处根据情况，可以让学生从教室开始往室外延伸建模，如果场地不允许，则将数据让学生通过空间想象，启发学生对太阳系的空间有深刻的认识）

（三）升华拓展

教师以言语感染学生，启发学生思考：飞船修复完毕，大家即将离开所在的行星。在这次建立太阳系模型的任务中，你有什么感受与大家交流？

学生汇报。

教师再次播放一段视频，重点演示太阳系中的其他天体，如被逐出行星的冥王星、小行星、彗星等等，鼓励学生在课后继续查阅有关太阳系其他天体的资料，进一步了解太阳系。

【板书设计】

太阳系
- 太阳
- 八大行星
- 矮行星
- 卫星
- 小天体（包括小行星和彗星）
- ……

【学生记录单】

《太阳系》课堂记录表

时间：_____年_____月_____日　记录员：_____

1.欢迎来到太阳系，根据资料分析：

你飞船所在的行星是_____。 距离太阳由近到远为第____颗行星。	
飞船组和指挥部组结果一致吗？	一致（　）；不一致（　）
判断依据： （1） （2） （3）	

2.太阳的直径为1400000千米，将其缩小为14厘米，按照此比例缩小你所在的行星得到的数据，请记录：

_____行星	
赤道直径（千米）	缩小后的直径（厘米）
与太阳的平均距离（千米）	缩小后的距离（厘米）

【设计意图】

本教学设计以"情境教育"思想为指导，通过创设一个任务型的故事情境，把学生塑造成故事中的主角来激发学生的探究兴趣。在合作学习中，教师采用A、B组分开探究但又互相验证的方式，让学生体验合作的同时感受到科学探究中一个很重要的精神——科学的研究应是可重复的、可验证的。此处，也体现了学生评价的思想和优点：让学习的同伴成为彼此的监督者和促进者。

整体教学设计通过情境的营造、建模的活动点燃学生的求知欲，发展学生的科学探究能力，促进学生对太阳系知识的持续探索。

《设计制作小赛车》教学设计

深圳市福田区景秀小学　姚 晖

【教学内容】

教育科学出版社版小学科学五年级上册第四单元《运动和力》第8课《设计制作小赛车》。

在本单元前6课中，学生在经历使用不同的力让小车动起来的过程中，研究影响小车和其他物体运动的一些力，初步了解物体运动与受到的力的关系；在第7课《运动与设计》中，学生开始从科学、技术与社会的角度去研究如何根据需要减少或增加摩擦力的问题。在前面7节课的基础上，学生在本节课中将经历完整的工程设计的过程，应用自己所学的知识和技能亲自设计和制作小赛车。本课主要有三个活动：一是了解工程师是怎样设计真正的赛车的；二是学生设计自己的小赛车；三是制作并展示交流。因此，本节课一般分两个课时完成：第一个课时是设计、制作、调试；第二个课时是展示、交流、评价。

【教学目标】

1. 科学概念

（1）技术设计具有一定的程序。

（2）技术设计需要运用科学概念、相互交流和执行程序。

2. 过程与方法

（1）了解真实赛车的一些重要数据以及它们在设计上的特点。

（2）设计和制作小赛车。

3. 情感态度价值观

（1）关心科技新产品、新事物，意识到科学技术会给人类与社会发展带来好处。

（2）发展对技术设计和动手制作的兴趣，激发创新精神。

（3）尊重自己和他人的劳动成果。

【教学重点】

设计和制作小赛车。

【教学难点】

知道技术设计需要运用科学概念、相互交流和执行程序。

【教学准备】

1. 学生

提前查阅有关新型车辆的资料，根据自己的初步想法准备制作小赛车的材料，如气球、棍子等。

2. 教师

课件、自己做好的小车、部分制作小赛车的备选材料。

【情境创设】

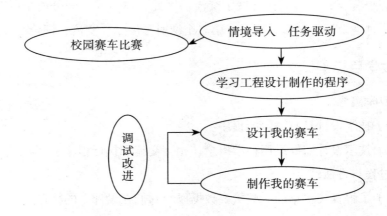

【教学过程】

（一）情境导入，任务驱动

（1）教师请学生分享收集到的新型车辆资料，并说说为什么会出现这些车辆。

教师总结：这些新型的车辆都是人们为了满足不同需要而设计制造的。

（2）教师情境渲染，布置任务：在科技节活动中，学校将举行校园自制赛车比赛，并提出了小赛车的设计要求：使用非电力驱动；车身长不超过25厘米；在规定赛道内比赛谁设计制作的赛车行驶的路程最远。

（二）启发学习

教师带领学生阅读学习材料，了解工程师是怎样设计赛车的。

学生阅读后，分享工程师设计赛车时需要思考什么问题和如何通过设计来解决对应的问题的。

教师启发学生：在进行技术设计时，需要运用科学知识、相互交流，而且要按照执行程序流程去设计并改进，才能最终制作出符合需要的产品。

（三）设计我的小赛车

教师展示自己做的小车，打开学生的思维，拓宽学生的设计思路，然后请学生根据学校赛车比赛的要求分组设计赛车并填写设计方案，提示学生设计赛车最重要的是增大动力、减少阻力。

学生分组设计。

学生交流设计方案，互相讨论小赛车哪些地方可以改进。

（四）制作我的小赛车

学生分组根据设计制作小赛车。（如果时间来不及，制作可在课后继续完成）

教师提醒学生：小赛车制作完成，并不是技术设计的结束，还需要进行试跑调试。在调试中发现问题，大家继续对赛车进行改进，直到下节课正式比赛前为止。

【板书设计】

设计制作小赛车

工程师这么做：

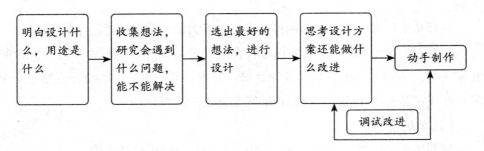

【学生记录单】

小赛车设计方案

组别：_____   姓名：_____

动力材料	
车体材料	
设计草图	
测试改进	

【设计意图】

大部分学生对设计制作小赛车都非常感兴趣，难点在于他们在制作前很难沉下心来做好设计以及制作后进行调试改进。因此，这节课在校园科技节这一背景下设计了一个自制赛车比赛的情境，也是与校园活动相结合的真实情境，用任务驱动的方式推动学生去认真设计制作一辆小赛车。学生通过学习工程师如何设计赛车，从而认识工程设计的一般程序。笔者在这里做了一个添加，就是对教材提供的设计流程进行补充，添加了调试改进环节，这是实际的工程设计中需要的。同时，在实际教学中，笔者也经常发现，学生纸上谈兵的设计方案需要改进时往往浮于表面，只有当他们动手制作时，赛车跑起来了，那个时候的调整改进才是更有效的。本节课对赛车的设计制作除了对动力和车长有要求外，其余不限，这在一定程度上也创造了一个相对宽松自由的空间，让学生能够发挥他们的创造力，进行充分的设计与制作。

《设计制作一个保温杯》教学设计

深圳市福田区园岭小学　陈炜苣

【教学内容】

教育科学出版社版小学科学五年级下册第二单元《热》第8课《设计制作一个保温杯》。

本课所设计的活动是对热的良导体与不良导体的解释和运用，帮助学生更深入地了解、掌握哪些是热的良导体，哪些是热的不良导体。本课有三个活动：一是认识热的良导体与热的不良导体；二是做一个保温杯；三是检测研究制作的保温杯的效果。设计制作一个保温杯是这一单元的一个嵌入式评价内容，不仅要考查学生知识的运用和动手制作的能力，同时也要检验学生控制变量的能力，以及对实验数据整理分析的水平。

【教学目标】

1. 科学概念

（1）热的不良导体，可以减慢物体热量的散失。

（2）空气是热的不良导体。

（3）研究哪种保温方法保温效果较好。

2. 过程与方法

（1）根据热传递的原理设计制作一个保温杯。

（2）通过设计实验，研究哪种材料保温的效果最好。

3. 情感、态度、价值观

激发学生设计研究保温杯的兴趣，陶冶喜爱科学的情感。

【教学重点】

让学生经历根据热传递的原理设计保温杯的过程，体会到实际操作的乐趣。

【教学难点】

让学生经历根据热传递的原理设计保温杯的过程，体会到实际操作的乐趣。

【教学准备】

1. 教师

热水、温度计、泡沫塑料、毛巾、记录表。

2. 学生

不锈钢杯、陶瓷杯、塑料杯、配套的杯盖。

【情境创设】

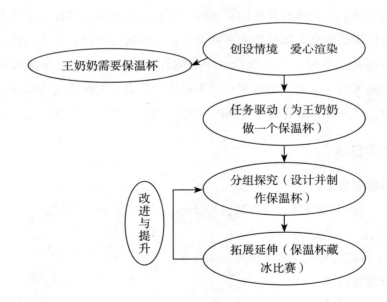

【教学过程】

（一）创设情境

敬老院的王奶奶有三个杯子，分别是不锈钢杯、陶瓷杯、塑料杯。冬天来了，怕冷的王奶奶最喜欢喝较热的水。林华与张晓想买一个保温杯送给王奶奶，被拒绝了。于是，林华与张晓决定利用已有的材料设计并制作一个保温杯送给王奶奶。

（二）任务驱动

教师展示为每组准备的实验材料，边介绍边渲染情境气氛：这里是王奶奶的三个杯子，这边有一系列可用材料。请大家选择合适的材料设计并制作一个杯外包装物厚度不超过5厘米的保温杯。保温效果最好的那款保温杯将被赠送给怕冷的王奶奶。

（三）分组探究

1. 活动一：探究哪杯水凉得慢一些

（1）水温测量。（每隔2分钟分别测量一次三杯水的温度）

（2）记录数据、交流结论。

（3）分享探究成果。

2. 活动二：怎样使杯中的水凉得慢一些

（1）如果让你做一个保温杯，你会选择什么材料呢?

（2）如果想用不锈钢材料做保温杯，你们有什么好办法可以使杯中的水凉得慢一些?

（3）小组交流讨论。

（4）小组汇报，教师板书。

（5）教师请学生先讨论实验应怎么操作，如何检验效果。

学生讨论。

（6）根据学生的讨论结果和课本整理操作步骤：测开始时的温度—每隔2分钟测量一次温度—最后算出温度差。

请学生思考还应该注意哪些因素的影响呢?

教师整理提出实验时还应注意的事项：每杯水起始温度要一样；每个杯子测量温度间隔的时间要一样；至少需要几个温度计……

3. 活动三：制作一个保温杯

（1）学生利用提供的材料，分组实验。

（2）教师巡视、指导，提醒注意安全。

（3）学生交流实验结果，然后汇报哪种保温方法最有效，并说出理由。

（4）全班交流。

教师再次质疑：我们能否保持保温杯里的水温一直不发生变化吗？

学生讨论，教师整理、归纳，得出：保温杯只能减缓物体温度的变化，而不能保持物体原来的温度不变。

（四）拓展延伸

教师提出课外拓展任务：保温杯不仅冬天可以用来喝热水，夏天还可以用来藏冰块呢！请大家在课外选择合适的材料制作保温杯并进行藏冰块的比赛。

【板书设计】

设计制作一个保温杯

热的良导体 ——➤ 吸热快，散热快 ——➤ 水温降得快

热的不良导体 ——➤ 吸热慢，散热慢 ——➤ 水温降得慢

【学生记录单】

《设计制作一个保温杯》课堂记录表

时间：_____年_____月_____日　记录员：_____

1. 检测不同材料杯子的保温性能

我的问题	用不锈钢杯、陶瓷杯、塑料杯装热水，哪个杯里的水凉得快，哪个杯里的水凉得慢					
我的预测						
我的记录		起始温度	2分钟温度	4分钟温度	6分钟温度	8分钟温度
	不锈钢杯					
	陶瓷杯					
	塑料杯					
我的结论						
我的解释						

2. 做一个保温杯

我的方法	对装有热水的不锈钢杯在各种条件下检验保温效果。			
		起始温度	10分钟时温度	降温多少
我的检测记录	杯子未加盖			
	杯子加盖			
	杯子加盖且包着干毛巾			
	杯子加盖且嵌在泡沫塑料里			
我的解释				

【设计意图】

本教学设计以探究型的任务驱动——"帮王奶奶设计制作一款保温杯"来设置情境。与其他任务驱动不同的是，探究型任务驱动需要学生自行探究后再动手制作，如本节课学生需先对不锈钢、陶瓷、塑料三种材质的杯子哪一种散热快进行探究，然后再选择适合做保温杯的杯子进行如何"保温"的探究，最后进行保温杯的制作。从探究的任务来看，本课对学生的探究能力要求比较高，第二个探究活动是第一个探究活动的延续与升华。

本节课情境设置的情感目标为"敬老、爱老、助老"，有利于激发学生的设计与制作激情。教师在对任务的完成评价时，留有充分的时间给学生进行改进与创新，如课后的"藏冰"比赛，使教学目标、情感、评价相统一，达到了探究型任务驱动情境创设的意义。

《我的水钟》教学设计

深圳市福田区园岭小学　　陈炜苣

【教学内容】

教育科学出版社版小学科学五年级下册第三单元《时间的测量》第4课《我

的水钟》。

通过第2-3课的教学，学生已经认识了两种水钟的构造，经历了滴漏实验的研究，学生对滴漏能作为计时工具有了新的理解，有了制作水钟的欲望和基础。本堂课，学生将运用已掌握的知识设计、亲自制作一个水钟，并用图画的形式对自己设计的水钟进行描述，还要在实验中检验自己的水钟是否计时准确，以及对水钟的设计进行改进。在这节课中，学生将要经历设计方案—实验制作—修正方案的科学活动过程，这也是一个促进学生思维发展的过程。

【教学目标】

1. 科学概念

（1）通过一定的装置，流水能够用来计时，因为滴漏能够保持水在一定的时间内以稳定的速度往下流。

（2）我们可以控制滴漏的速度，从而使水钟计时更加准确。

2. 过程与方法

（1）设计制作水钟的方案。

（2）利用剪刀、塑料瓶等简单工具和材料制作一个简易的水钟。

（3）在实际运用过程中对自己的方案进行改进。

（4）经历"思考方案—制订计划—实施方案—检验成果—寻找原因—改进实验"的探究过程。

3. 情感、态度、价值观

（1）感受科学制作带来的乐趣。

（2）体会到在科学研究中分工、合作、和谐地开展探究是重要的。

（3）体验到完成一个科学制作需要不断重复实验，在实验中逐步完善。

【教学重点】

设计制作一个水钟，并能用水钟计时。

【教学难点】

控制滴漏的水速。

【教学准备】

1. 学生

每组美工刀1把、塑料瓶2个、胶带1卷、秒表1个、记号笔1支、尺子1把、记录表册1份。

2. 教师

课件。

【情境创设】

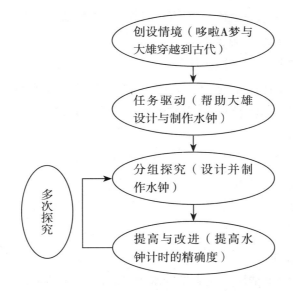

【教学过程】

（一）创设情境

PPT呈现一幅哆啦A梦与大雄乘坐时光机的图片，教师语言旁白：哆啦A梦的时光机不仅能让大雄去往22世纪，还能帮助大雄穿越回到公元前6世纪（PPT呈现一张公元前6世纪人类活动的图片）。大雄惊讶地发现这个世纪的人类居然没有度量时间的工具。他们的生产与生活很随性，有可能是现代社会的上午八点吃早餐，也有可能是下午两点才吃第一顿饭。大雄很无奈，想利用自己随身携带的工具与现代钟表帮助他们设计制作度量时间的水钟。

（二）任务驱动

展示实验材料（PPT呈现材料照片），教师逐一介绍，并继续旁白：大雄是个爱好手工的孩子，幸亏穿越的时候随身携带了一个工具箱，并且随身携带的可乐也帮了他不少忙。他用可乐瓶替代了当地的器皿来设计与制作水钟。同学们，请你们尝试与大雄一起来设计制作一个能度量5分钟的小水钟吧！计时最准确的水钟将被评为"金牌水钟"，最终被大雄赠送给公元前6世纪的人类！

（三）分组探究

1. 交流与制定方案

PPT呈现三个思考问题：

（1）我们准备做一个什么类型的水钟？（泄水型或受水型）

（2）怎样控制漏水的速度？

（3）如何来划分5分钟的时间刻度？

教师用语言渲染情境：公元前6世纪的人类对于受水型与泄水型水钟的喜欢程度不同。请你事先考虑好所要制作的水钟类型，并控制漏水速度，设计划分5分钟的时间刻度。

2. 展示方案

简图配文字。

3. 制作水钟

略。

4. 用水钟来计时

教师用语言渲染情境：大家做的水钟计时准确吗？哪个小组的水钟能最终被大雄赠送给公元前6世纪的人类，我们来测试一下吧！

（1）教师介绍测试方法。

（2）进行测试，同时欣赏水钟的相关资料。

（3）汇报测试数据。

（4）教师公布标准时间，评选"金牌水钟"。

教师继续用语言渲染情境：恭喜某某小组。你们的设计方案将会被大雄在公元前6世纪的当地广泛推广，你们制作的小水钟被评为"金牌水钟"，并在大雄返回21世纪时留给了当地的人类，帮助公元前6世纪的人类来度量时间！

（四）提高与改进

PPT呈现三个问题：为什么我们的水钟不够准确？影响准确性的因素有哪些？可以怎么样改进？

教师渲染情境并结课：计时不够准确的小组也别灰心，如果认真思考以上三个问题继续改进，或许你设计与制作的水钟能在大雄下次的时光机之旅中被广泛推广！

【板书设计】

我的水钟

设计水钟：受水型/泄水型

制作水钟：滴漏、刻度

使用水钟：计时准确吗？

改进水钟：从哪些方面改进？

【学生记录单】

《我的水钟》课堂记录表

时间：_____年_____月_____日　记录员：_____

我的滴漏图	
用到的材料	
制作中注意的问题	
我制作的滴漏实际滴水	（　）滴/分钟
改进的方法	
结论	滴漏的时间与_____有关

【设计意图】

本课的教学目标为"利用剪刀、塑料瓶等简单工具和材料制作一个简易的水钟"。学生在《用水测量时间》中已经明白古代的水钟"泄水型"和"受水型"的不同原理，在本课中可以根据自己的兴趣自行选择制作一个"泄水型"或"受水型"水钟。本教学设计以创设一个"帮助大雄设计公元前6世纪人类所需的水钟"任务驱动情境为主线，利用学生感兴趣的时空穿越型故事情境结合技术与工程任务，达成课堂教学目标。

整体教学设计通过情境的营造、任务的驱动，激发了学生思考设计、制作改进的兴趣，培养他们的动手能力，同时拓展了学生的创新思维。

《建高塔》教学设计

深圳市福田区天健小学　黄伟欣

【教学内容】

教育科学出版社版小学科学六年级上册第二单元《形状与结构》第6课《建高塔》。

本课内容主要由三个科学活动组成：第一是研究物体不易倒的秘密；第二是建造不容易倒的"高塔"；第三是对铁塔不容易倒的再思考。本课以"铁塔为什么稳定不易倒"为起点和归宿，中间用塑料瓶做实验和制作"高塔"来探究物体稳定性问题。探究学习的过程为"推测—探索和制作—用制作的模型测验推测—反思与建构"。

【教学目标】

1. 科学知识

上小下大、上轻下重的物体稳定性好。

2. 科学探究

（1）用简单材料探究物体不容易倒的秘密。

（2）应用知识和经验制作不容易倒的"高塔"。

（3）把探究结果与最初的假设相比较。

3. 科学态度

体验合作与交流，尊重自己和他人的制作成果。

4. 科学、技术、社会与环境

了解高塔制作流程与工艺。

【教学重点】

了解上小下大、上轻下重的物体稳定性好。

【教学难点】

在"高塔"模型制作中实现上小下大，上轻下重设计，并通过一定方法验证假设。

【教学准备】

1. 学生

每四人一个小组。

2. 教师

记录单、课件、便笺纸、小矿泉水瓶、大矿泉水瓶、大可乐瓶、羽毛球筒、小红旗、泡沫块、一次性筷子、水、泡沫胶、透明胶、预制好的三角锥、预制好的三角板。

【情境创设】

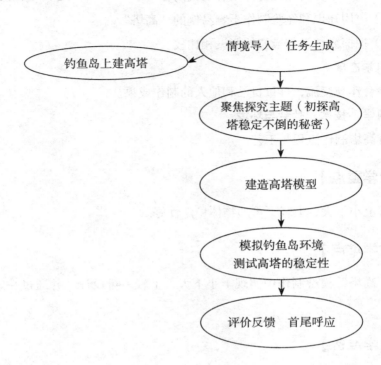

情境导入　任务生成

钓鱼岛上建高塔

聚焦探究主题（初探高塔稳定不倒的秘密）

建造高塔模型

模拟钓鱼岛环境测试高塔的稳定性

评价反馈　首尾呼应

【教学过程】

（一）情境导入，任务生成

1. 教师导入

教师用课件和语言生动演绎钓鱼岛事件，营造情境：在距离中国大陆180海里，距日本本岛550海里的地方，有个美丽的海岛——钓鱼岛。钓鱼岛属于我国，由一个主岛、三个岛礁组成。可是，近十年来，日本对钓鱼岛实施各种侵略活动，企图吞占我们的岛屿。其中，以石原慎太郎为首的右翼分子还非法登上了岛屿。他们在岛上建了一个铁塔，还挂上了他们的国旗。对于日本这种无耻行径，全国民众表示十分愤慨！我国有一名志愿者，决定登岛示威。他携带中华人民共和国的国旗，在海警船的护卫下，前往钓鱼岛。这名志愿者和海警们欢快地登上了钓鱼岛。在岛上，志愿者摇旗呐喊，向全世界人民宣告——这是我们中国的土地。可是，在欢庆之余，他发现无法让国旗长期飘扬在岛上，因为无法把旗杆插在坚硬的岩石上。于是，有爱国人士建议，我们应该在钓鱼岛上建一个非常稳定、不容易倒的高塔，让我们的国旗高高飘扬在塔顶！以此告诉全世界人民，这是我们中国的领地！

2. 情境转化

教师继续语言渲染，提出问题：爱国之心是很宝贵的。但是，现在有一个很现实的问题——钓鱼岛经常会受到台风吹侵袭，还可能发生地震。那么，建造一个什么样的高塔才是稳定、不容易倒呢？

3. 学生思考、讨论、汇报想法

教师将学生汇报的方法进行大致的分类：有的是在建造工艺上解决问题；有的是在材料选择上解决问题。同时，提出本课研究的主题：在建筑结构学上，通过把高塔设计成一定的形状或是让高塔拥有某种结构特征，可以让其变得稳定、不容易倒。那么，究竟什么样的形状和结构特征能让高塔变得稳定、不容易倒呢？

（二）初探主题

1. 学生猜想

基于前面的框架结构的学习，学生通常会想到三角形的稳定性，可能会给出三角形的答案。学生所说的是三角形，其实要表达三角锥。所以，教师需要出示预制好的三角板（平面），三角锥（立体），反问学生哪一种形状才是他想表达的？

教师出示课件中的很多近似三角锥的塔（上小下大），请学生观察思考：这些塔都不是严格意义的三角锥，但它们有什么样的共同特点？（启发学生思考）

全班经过讨论，得出结论：上小下大能让高塔稳定。

2. 情境过渡

教师提出：我们今天是要设计并制作建在钓鱼岛上的高塔，一定要认真思考是否还有别的形状或结构特征能让高塔稳定不容易倒。

教师准备一些生活中常见的不容易倒的物体。请学生观察图片，找找建筑结构学中能让物体稳定的形状和结构特征。如果学生想到了，就请他写在便签纸上。

课件展示图片，学生记录形状结构特征。

小组讨论：小组成员把各自的便签纸都贴到小组记录表的四个角上，分享各自的想法，然后快速讨论，把大家都认同的观点写在小组记录表中间方框内。

小组代表汇报。

教师小结、板书。（上轻下重，上小下大）

3. 展示成果

教师肯定学生的结论虽然各有不同，但是论述都让人信服。因此，请学生根据各自小组的结论，做成一个高塔模型，在高塔模型中展现小组的观点。同时说明，建成后教师会用电吹风模拟台风、摇晃桌子模拟地震等方式来验证小组的做法能不能让高塔变得更稳定。

（三）建高塔

1. 教师课件展示材料与实验要求

（1）除国旗必须用之外，其他材料随你怎么用，可用可不用。

（2）最后评出既稳定又高的塔，颁发"鲁班奖"。

2. 学生建高塔

教师巡视，主要提醒要实现不容易倒的形状结构特征。注意使用泡沫胶；注意使用筷子；用笔戳断透明胶。

教师收集学生的高塔。

（四）观察、讨论与验证

1. 学生观察

教师请学生观察：每个小组的高塔模型，没有一个是完全相同的，而且都非常有想法，可谓八仙过海各显神通啊！接下来我们是动脑的时间了！请所有同学眼睛擦亮了，认真观察所有模型，哪些模型应用了"上轻下重、上小下大"的特征？有哪些稳定性的独特形状与结构特征？

学生观察、自由讨论，并汇报。

2. 学生研讨

教师请学生进行研讨：你认为哪个小组的高塔最稳定、最不易倒？为什么？

学生自由讨论，并汇报。

3. 验证

验证一：启动强力风扇，对每一个模型吹风。

教师情境渲染："现在钓鱼岛进入了台风季，超强台风正在侵袭岛上的高塔。"

验证二：摇晃桌子，直到最后一个模型不倒。

教师情境渲染："钓鱼岛位于地震带，不巧，地震爆发了！"

4. 讨论

为什么最后留下的这个高塔不倒？它有什么比其他模型更稳定的结构特征？

学生讨论、汇报。

（五）评价总结

经过抗风和抗地震模拟验证，教师评价：恭喜某某小组。你们的高塔模型应用了"上轻下重，上小下大"的结构特征，是最稳定的高塔。我谨代表国防部授予你们国家建筑最高奖——"鲁班奖"。你们都是"小鲁班"了！

教师小结，呼应情境：同学们，今天我们知道了"上小下大，上轻下重"的形状结构特征能让物体更稳定。其实，现在钓鱼岛更多的时间是被日本控制之中。我真希望有那么一天，你们能实现在钓鱼岛上建高塔的愿望。

【板书设计】

建高塔

稳定性好的结构特征：上轻下重

上小下大

【学生记录单】

《建高塔》实验记录表

时间：_____年_____月_____日　班级：_____　姓名：_____

我的设计图	应用了哪些结构特征

【设计意图】

本节课属于浸入式情境教学，以在钓鱼岛上建高塔的情境为主线，其中渗透爱国热情，通过情境创设、情境转化、聚焦主题，把情境有机融入课堂中。无论是基于情境去探究高塔稳定性的基本形状结构特点，还是实验材料的设计，再到让学生建造的高塔在模拟钓鱼岛的环境中接受测试考验，还有最后国防部征用优胜模型，每一个内容的推进都是在情境中进行，让学生的探究更有使命感和责任感。教学情境完整演绎的同时，也让学生真切感受到科学的研究是有价值的，是探究问题的现实意义与科学研究的本质价值体现，有助于学生理解科学的学科价值，建立健全的价值观。